GOTTFRIED SCHRÖTER

Berlin
ick liebe dir

novum ▲ pro

Dieses Buch ist auch als
e-book
erhältlich.

w w w . n o v u m v e r l a g . c o m

Bibliografische Information
der Deutschen Nationalbibliothek:

Die Deutsche Nationalbibliothek
verzeichnet diese Publikation in
der Deutschen Nationalbibliografie.
Detaillierte bibliografische Daten
sind im Internet über
http://www.d-nb.de abrufbar.

Gedruckt in der Europäischen Union
auf umweltfreundlichem, chlor- und
säurefrei gebleichtem Papier.

© 2024 novum Verlag

ISBN 978-3-99146-475-4
Lektorat: Kristina V. Heilinger
Umschlag- und Innenabbildungen:
Gottfried Schröter
Umschlaggestaltung, Layout & Satz:
novum Verlag

Die vom Autor zur Verfügung ge-
stellten Abbildungen wurden in der
bestmöglichen Qualität gedruckt.

www.novumverlag.com

Druckprodukt mit finanziellem
Klimabeitrag
ClimatePartner.com/16547-2311-1001

INHALTSVERZEICHNIS

VORWORT

Dieses Buch habe ich vorwiegend für zwei Zielgruppen geschrieben.

Zum einen für Berliner*innen, die sich für mehr interessieren als nur die besten Shoppingmeilen und Gaststätten.

Zum anderen für Hinzugezogene oder Touristen, die Berlin kennenlernen oder sich von der Berliner Historie und Gegenwart ein etwas breiteres Bild machen möchten.

Dabei habe ich mich vorwiegend auf die beiden historischen Zentren in Ost und West konzentriert. Eine Erweiterung auf Außenbezirke würde zu weit führen. Denn jeder Berliner Bezirk von Köpenick bis Spandau und von Pankow bis Zehlendorf hat seine eigene Geschichte und sein eigenes Zentrum. Man kann sich darüber in geeigneter Literatur der einschlägigen Tourismus- oder Heimatvereine informieren.

Um Berlin zu verstehen, sollte man wissen, dass es keine natürlich gewachsene Großstadt ist. Zu den ehemaligen Städten auf beiden Seiten der Spree (Berlin und Cölln) kamen ab dem 17. Jh. immer wieder Erweiterungen hinzu. Erst 1920 wurde Groß-Berlin gegründet, indem 95 Landgemeinden und 27 Gutsbezirke mit dem historischen Berlin verwaltungsmäßig zusammengeschlossen wurden. Das ist im gesamten Raum von Großberlin noch heute zu spüren und zu erkennen. Berlin ist keine homogene Stadt. Durch die Folgen des 2. Weltkrieges (WK) bildeten sich auch noch deutlich zwei Zentren – die City Ost und die City West heraus.

Meine intensive Beschäftigung mit Berlin und seiner Historie begann 1999. Ich war infolge der Nachwendewirren arbeitslos geworden und erhielt ein Angebot, als Reiseleiter beim Tourismusverein Köpenick zu arbeiten. Im Winterhalbjahr wurden wir von Historikern und im Selbststudium mit Berlin enger vertraut gemacht. Von Ostern bis Ende Oktober fuhren wir jährlich als Moderatoren auf den Schiffen der Reederei „Stern und Kreis" über Berlins Wasserwege. Auch hatten wir Reisegesellschaften in Bussen oder zu Fuß durch die Stadt zu führen. Dabei habe ich meine Liebe zu dieser Stadt entwickelt, die sich auch im Alter fortsetzte. So leitete ich seit 2008 über 10 Jahre eine Wandergruppe, mit der ich durch alle Bezirke Berlins gestreift bin und immer Erstaunen hervorgerufen habe, wenn ich zeigte, was die Stadt Interessantes bietet und wie viel Grün es gibt.

Jetzt wurde ich (ein wenig auch durch den Müßiggang, den uns die Corona-Pandemie auferlegte) angeregt, meine Liebe und meine Kenntnisse zu Berlin anderen in Buchform näherbringen. Unterstützung erhalte ich dabei durch viel Berlin-Literatur, die ich im Lauf der Jahre erworben habe.

Außerdem ist ein Hobby von mir die Fotografie, die ich bereits seit dem 14. Lebensjahr betreibe. Viele Bilder habe ich auf Wanderungen durch Berlin gemacht. Diese möchte ich in dieses Buch einbeziehen. So sind alle Bilder von mir selbst geschossen.

Eines kann ich mit Bestimmtheit sagen: Es lohnt sich, diese Stadt zu Fuß etwas näher kennenzulernen und Bewegung tut allemal gut.

Ihr Gottfried Schröter

PS: Das Titelbild – Alexa und Fernsehturm – können Sie leider nicht mehr fotografieren. Der Ausblick ist inzwischen durch ein weniger schönes Eingangstor zum Kaufhaus Alexa verbaut worden.

PS: Bei vielen Architekten habe ich in Klammern auf weitere von ihnen geschaffene Bauwerke hingewiesen.

GESCHICHTLICHER ABRISS

„BERLIN – ick liebe dir!"

so hört man alte Berliner sagen. Das ist Berliner Mundart – das ist Berliner Charme!

Man sollte die Geschichte Berlins ein wenig kennen, will man so manche Begebenheit oder auch Besonderheit der heutigen Großstadt verstehen. Deshalb beginne ich meine Aufzeichnungen mit einer kurzen Berlin-Historie.

Bereits in der Jungsteinzeit – also über 4000 Jahre vor Christi – siedelten Bauern auf dem Barnim (nördliches Platow) und dem Teltow (südliches Platow) zu beiden Seiten des Berliner Urstromtals.

Ende des 6. Jahrhunderts n. Chr. nahmen slawische Stämme, vorwiegend Semnonen, das Berliner Urstromtal in Besitz. Sie siedelten an den Flussläufen, Seen und in den Niederungen, denn sie brauchten das Wasser für ihr Vieh. [1]

Es waren zwei slawische Stämme, die sich an Havel und Spree niederließen, getrennt durch einen ca. 20 km breiten Waldgürtel. Die **Haveller** lebten im Bogen der Havel bis zur Elbe mit Zentrum in Brennaborg (Brandenburg) sowie Herrensitzen in Spandow (Spandau) und Potsdum (Potsdam). Im örtlichen Raum zwischen Panke und dem Teltow siedelten die **Sprewanen** vorwiegend an der Spree, der Dahme und um den Müggelsee mit Zentrum in Copnik (Köpenick). [1] Der Sprewanenfürst Jaxa ließ sich um 825 n. Chr. auf der Copniker Insel – heute Schlossinsel – auf einer Burg nieder. Im Schutz der Burgen siedelten sich Bauern an, die den Burgherren hörig waren.

Um 750 n. Chr. besaßen die Haveller in Spandow gegenüber der Nuthemündung an der Havel eine Burg. Das ist heute noch durch die Burgstraße in Potsdam repräsentiert.

Mehrfach versuchten germanische Franken, die Slawen zu vertreiben. Errungene germanische Siege und Christianisierungs-Versuche durch die Gründung von Missions-Bistümern in Havelberg und Brandenburg wurden jedoch durch Aufstände der Slawen kurzfristig wieder rückgängig gemacht. [1]

Erste Erfolge der Germanisierung entstanden durch eine Freundschaft zwischen dem Markgrafen der Nordmark, Albrecht dem Bären, und dem Haveller Fürst Pribislaw in Brennaborg. Letzterer setzte den Markgraf testamentarisch als Nachfolger ein, da er kinderlos geblieben war. Doch nach Pribislaws Tod 1150 gelang es dem Köpenicker Slawenfürst Jaxa, Brennaborgt zu besetzen.

Erst 1157 konnte Albrecht der Bär mit Hilfe des Heeres des Erzbischofs des Bistums Magdeburg Jaxa besiegen, den gesamten Raum im Berliner Urstromtal in Besitz nehmen und christianisieren. Danach setzte ein größer werdender Zustrom von Siedlern aus dem Harz, aus Thüringen, vom Niederrhein und aus Flandern ein.

Die Gründung und Historie
von Berlin und Cölln

Mitte des 12. Jahrhunderts begann die Besiedelung durch niederrheinisch-westfälische Kaufleute auf den größeren Spreeinseln. Es entstanden **Cölln** auf der südlichen Spreeinsel (1237 urkundlich erwähnt) um den Fischmarkt und **Berlin** um das heutige Nikolaivierten mit dem Alten Markt (1244 urkundlich erwähnt) auf einer nördlichen Spreeinsel. Durch eine Fuhrt (flache Stelle im Fluß) führte eine Fernhandelsstraße. Beide Orte hatten ein sogenanntes Stapelrecht, d. h. die Handelsleute mussten ihre Waren auf beiden Märkten niederlegen und zum Verkauf anbieten. Dadurch entwickelten sich beide Orte schnell zu Städten.

Die **Fuhrt** wurde als neuer Spreepass in Konkurrenz zu den bisherigen Übergängen in Spandau und Köpenick vermehrt genutzt. An der Fuhrt wurde um 1220 ein Knüppeldamm errichtet, der zur Regulierung des Wasserstandes zu einem Stauwehr ausgebaut wurde (1298 erstmals urkundlich erwähnt).

Zugleich diente der Staudamm als Mühlendamm für die ab 1220 betriebenen Wassermühlen, die sich auf dem Damm niederließen.

Der Name der **Mühlendammbrücke** wurde später davon abgeleitet. Der Mühlendamm existierte bis zur Spree-Regulierung 1893. Die Spree war bis dahin nur über den südwestlichen Spreearm schiffbar.

Die Städte Berlin und Cölln waren im Mittelalter von einer Stadtmauer umgeben, von der noch heute in der Littenstraße

ein Reststück original erhalten ist, da es lange als Rückwand alter Häuser diente.

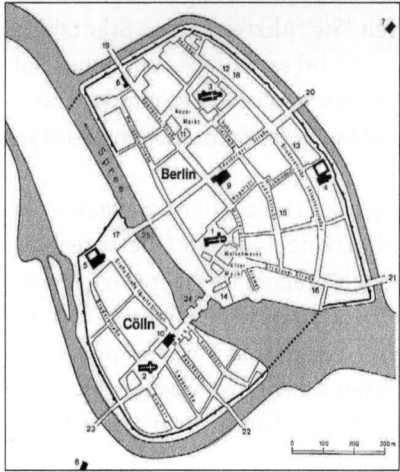

Der Grundriss von Berlin und Cölln um 1400

1 Nikolaikirche, 2 Petrikirche,
3 Marienkirche,
4 Franziskanerkloster,
5 Dominikanerkloster,
6 Heiliggeistspital,
7 Georgenspital.
8 Gertraudenspital,
9 Berliner Rathaus,
10 Cöllner Rathaus, 13 Alter Hof,
14 Mühlenhof, 19 Spandauer Tor,
20 Oranienburger Tor,
21 Stralauer Tor,
22 Köpenicker Tor,
23 Teltower Tor,
24 Mühlendammbrücke,
25 Lange Brücke

Der heutige Verlauf der Stadtbahn zwischen dem S-Bhf. Jannowitzbrücke und Bhf. Friedrichstraße weist immer noch auf den Standort der alten Stadtbegrenzung hin. Die Bahnviadukte wurden zu großen Teilen 1882 auf dem zugeschütteten nördlichen Stadtgraben vor der Stadtmauer errichtet.
(Siehe Anlage 4)

Berlin und Cölln bildeten keine Doppelstadt. Ab dem 12. Jh. wurden sie jeweils durch Räte aus gewählten Bürgern geführt. Den Vorsitz hatten die vom Markgrafen eingesetzten Schultheiße.

Die Markgrafen hatten in Berlin im Alten Hof (13) ihren Wohnort und bevorzugten oft Berlin gegenüber Cölln mit finanzieller Förderung. Denn Berlin war doppelt so groß wie Cölln und in Berlin wohnten auch die aktiveren Kaufleute.

Zur Sicherung vieler Gemeinsamkeiten und zur Stärkung ihrer Wirtschaftskraft kam es 1307 zu einer Union beider Städte mit einem gemeinsamen Magistrat und Bürgermeister. Dafür wurde ein Rathaus auf der Langen Brücke (25) errichtet.

Ende des 13. Jh. hatte Berlin und Cölln die älteren Städte Spandau und Köpenick wirtschaftlich überflügelt. Sie wurden zum städtischen, politischen und wirtschaftlichen Mittelpunkt der Mark Brandenburg.

Im 14. Jh. hatten sich beide Städte weitgehend vom Einfluss des Landesherrn befreit. Sie führten eigene Stadtsiegel, erlangten das Münzprägerecht und errichteten ein neues Rathaus. Das stand von da an immer an der Ecke Spandauerstraße/Königsstraße (9). Es musste wegen Brandschäden mehrfach erneuert werden.

1387 gelang es Berlin, Köpenick samt Schloss zu kaufen, das bis dahin Mittelpunkt des Holzhandels an der Oberspree war.

Auch der Erwerb des Gerichtsrechts und der Gerichtseinnahmen vom Landesherrn führte zum weiteren Aufschwung.

Trotzdem kam es zwischen Berlin und Cölln immer wieder zu Streitigkeiten. Dazu gehörten Konflikte zwischen den handwerklichen Zünften und den Handelsleuten um die Beteiligung an städtischen Entscheidungen. Die Landesherren nutzten diese oft, um ihre Einflussnahme auf die Städte geltend zu machen.

Weiterhin führten starke Adelsgeschlechter der Mark Brandenburg immer wieder Konflikte unter sich und mit den selbstbestimmenden Städten herbei. So kam es oft zu kriegerischen Auseinandersetzungen oder Raub des vor den Stadtmauern weidenden Viehs.

1411 bestellte deshalb der deutsche König Sigismund den Nürnberger Burggraf Friedrich aus dem Geschlecht der Hohenzollern zum Hauptmann über die Mark Brandenburg. Dieser unterwarf bis zum Februar/März 1414 den Landadel und die Städte der Mark. Wegen seiner Verdienste verlieh der König ihm auf dem Konstanzer Konzil die Würde des Markgrafen und Kurfürsten (die Kurfürsten und Erzbischöfe Deutschlands waren die Wahlherren für den jeweiligen deutschen König).

Sein Sohn, Kurfürst Friedrich II. Eisenzahn, beendete 1442 die Streitigkeiten zwischen den Berliner und Cöllner Großkaufleuten sowie den Kleinbürgern und Handwerkern. Um die Städte zu unterwerfen, baute Friedrich II. eine Zwingburg auf die freie Hälfte des Cöllner Werder nördlich der Dominikanerkirche (5). Daraus entstand später das Berliner Schloss.

1451 verlegte Kurfürst Friedrich II. seine Residenz von Tangermünde nach Berlin.

Kurfürst Joachim Cicero ließ Ende des 15. Jh. einen Knüppeldamm vom Berliner Schloss zum Jagdschloss Grunewald anlegen, auf den der heutige Kurfürstendamm zurückzuführen ist.

Kurfürst Joachim II. Hektor trat 1539 zum Luthertum über und der gesamte Rat musste ihm folgen. Außerdem begann er 1560 mit dem Bau der Zitadelle in Spandau.

Kurfürst Johann Sigismund trat Anfang des 17. Jh. wieder dem katholischen Glauben bei. Er setzte aber eine Glaubensfreiheit durch und forderte niemanden auf, seinem Beispiel zu folgen. So blieben seine Gemahlin und ein Teil seiner Räte lutherischen Glaubens.

Kurfürst Friedrich Wilhelm – der Große Kurfürst – beendete mit seinem Sieg gegen die Schweden bei Fehrbellin (Juni/Juli 1675) den Dreißigjährigen Krieg. Er schuf auch einen modernen europäischen Staat durch den Ausbau von Wirtschaft, Verwaltung und Heer. Es wurde als erste Stadterweiterung Friedrichswerder angelegt und die gesamte Stadt zur Festung ausgebaut.

Mit seinem Edikt von Potsdam 1685 gab er in Frankreich vertriebenen Protestanten (Hugenotten) die Möglichkeit, sich in der Mark Brandenburg niederzulassen. Mehrere Vergünstigungen für die Neusiedler führten zum erhofften Aufschwung. Unter dem Großen Kurfürst wurde Brandenburg zum zweitmächtigsten Staat im Deutschen Reich.

Kurfürst Friedrich III. setzte sich selbst am 18.01.1701 in Königsberg die Krone mit dem Titel König Friedrich I. in Preußen auf.

Er erließ am 17. Januar 1709 ein Edikt zur Bildung der Königlichen Residenz Berlin durch die Zusammenlegung der Städte Berlin, Cölln, Friedrichswerder, Dorotheenstadt und Friedrichstadt, die am 1.1.1710 vollzogen wurde.

Zu Ehren seiner zweiten Gattin Sophie Charlotte ließ er die Litzenburg, späte in Schloss Charlottenburg umbenannt, bauen. Aber auch Schloss Schönhausen, Schloss Monbijou, das Zeughaus und die Parochialkirche entstanden in seiner Regierungszeit.

König Friedrich Wilhelm I. – genannt Soldatenkönig – führte eine strenge militärische Ordnung in der Wirtschaft und im Heer ein und ließ Garnisonsstädte wie Berlin und Potsdam mit Stadtmauern umgeben, um die Akzise (Zoll) zu sichern, aber auch um eine Flucht der Rekruten zu verhindern (die Soldaten wohnten damals in privat Unterkünften bei den Bürgern und Bauern).

Die Charité wurde als öffentliches Krankenhaus eingerichtet.

Dessen Sohn, Friedrich II. – der Große Friedrich – „denkt als Philosoph und handelt als König", schrieb Jean-Jacques Rousseau. Er betrieb Expansion des Landes sowie Förderung von Wirtschaft, Gewerbe und Besiedelung nach innen. Er gliederte Schlesien nach zwei Kriegen an Preußen an, führte Meliorationen in Sumpfgebieten durch und setzte den Kartoffelanbau ein.

Für sich selbst ließ er in Potsdam das Schloss Sanssouci und in Berlin das Forum Frederico bauen – beides durch seinen Architekt Georg Wenzeslaus v. Knobelsdorff.

Friedrich Wilhelm II. fehlte das Regierungsgeschick. Mätressen- und Günstlingswirtschaft beeinflussten seine Politik. Er hinterließ ein zerrüttetes, politisch isoliertes Preußen.

Friedrich Wilhelm III. war ein oft unschlüssiger Herrscher. Ihn stützte vor allem seine erste Gattin, Königin Luise, die sich dadurch in Preußen ein bleibendes Denkmal setzte.

Preußen unterlag Napoleon 1806 in der Schlacht bei Jena-Auerstedt und befreite sich erst durch eine mächtige innere Freiheitsbewegung sowie militärisch im Verbund mit England durch den Sieg bei Waterloo 1815 von dieser Schmach.

Begünstigt durch die Gewerbefreiheit (1810) und die uneingeschränkte Handelsfreiheit (1818) setzte eine rasante Industrialisierung in Preußen ein, mit dem Ziel, England zu erreichen und zu überflügeln. Das führte in Berlin außerdem zu einem gewaltigen Bevölkerungsanstieg. Berlin verdoppelte in den ersten drei Jahrzehnten des 19. Jh. seine Einwohnerzahl auf 400 000. Die Dörfer rund um Berlin näherten sich der Stadt an. Bis 1861 kamen der Wedding und Gesundbrunnen, die Rosenthaler, Stralauer und Oranienburger Vorstädte, Schöneberg und die Tempelhofer Vorstadt zum Stadtgebiet hinzu. Die Alte Stadtmauer und alle Stadttore außer dem Brandenburger Tor wurden abgerissen.

Bis 1871 hatte Berlin die Zahl von 800 000 Einwohnern erreicht, 1877 war die erste und 1905 die zweite Millon überschritten. [1]

Die Hauptaufmerksamkeit von Friedrich Wilhelm IV. galt der schönen Gestaltung von Gebäuden, wodurch Karl Friedrich Schinkel auf ihn großen Einfluss erlangte. Ab 1850 wurden unter Leitung von Peter Joseph Lenne der Landwehrkanal und der Luisenstädtische Kanal angelegt, um damit die Voraussetzung zum Aufbau der Luisenstadt (heute zu Kreuzberg gehörig) zu schaffen.

Friedrich Wilhelm IV. war der „Romantiker auf dem Thron", der nach 18-jähriger Regentschaft aus Krankheitsgründen seinem Bruder Wilhelm die Krone überließ. Unrühmlich war Wilhelms Auftreten zur 1848er Revolution. Als Kronprinz ließ er die Revolutionäre blutig niederschießen und die Bürgerrechte beschneiden.

Ihn hatte das Bürgertum Preußens als Hauptfeind der 1848er Revolution ausgemacht. So wollt er schon als Kronprinz zurücktreten. Auf einem Spaziergang im seinem Schlosspark zu Babelsberg überzeugte ihn der Diplomat Bismarck, im Amt zu bleiben. 1861 wurde Wilhelm Preußens König und ein Jahr darauf Bismarck preußischer Ministerpräsident.

Letzterer nutzte Lücken der Verfassung aus, um gegen die Mehrheit des Parlaments zu regieren. Das führte zu erheblichen Verfassungskonflikten, die zu eskalieren drohten. Doch Bismarcks „Blut-und-Eisen-Politik" sowie die Siege gegen Dänemark 1864 um die Vorherrschaft Schleswig-Holsteins und gegen Österreich 1866 um die Vorherrschaft im Deutschen Bund ließen die Stimmung kippen und die Bevölkerung unterstützte nun die Politik Bismarcks.

Auch der Krieg gegen Frankreich 1870/71 führte zu einem grandiosen Sieg Preußens und zur Stärkung von Wilhelm I. in Deutschland. 1871 wurde Preußens König zum Deutschen Kaiser gekrönt, Bismarck wurde zum Reichskanzler bestimmt und Berlin wurde die deutsche Hauptstadt.

Wirtschaftlich begannen 1871 die Gründerjahre, die ihren Ausgangspunkt in den von Frankreich laut Friedensvertrag abgerungenen fünf Milliarden Goldmark hatten.

Wesentlich zur Industrialisierung und zum Bevölkerungs-
aufschwung trug der Aufbau umfangreicher Eisenbahnstrecken
bis Ende des 19. Jh. in und um Berlin bei. Das Netz bestand aus
der Stadtbahn zwischen dem Schlesischen Bahnhof (heute Ostbahnhof) und Bahnhof Charlottenburg quer durch Berlin Mitte, sowie der Ringbahn um das Berliner Zentrum herum. Nicht
zu Berlin gehörenden Fremdbahnen mit Endbahnhöfen in Berlin (Anhalter Bhf., Hamburger Bhf., Schlesischer Bhf., Lehrter
Bhf., Stettiner Bhf. u. a.).

Wilhelm I. starb 1888 und sein Sohn Friedrich III. wurde Kaiser. Er war jedoch bereits im Sterben. Nach 99 Tagen übernahm
sein Sohn, Wilhelm II., den Kaiserthron. Somit sprechen wir
von einem Drei-Kaiser-Jahr 1888.

In die Zeit der Regentschaft von Kaiser Wilhelm II. fiel die Gründung des **Zweckverbandes „Groß Berlin"** 1912, um die zunehmenden Infrastrukturprobleme der Metropole zu lösen.
Zum Zweckverband gehörten außer Berlin die Städte Spandau,
Charlottenburg, Lichtenberg, Neukölln, Schöneberg, Wilmers-
dorf und Köpenick sowie die Kreise Niederbarnim und Teltow.
    Dieser Zweckverband löste sich nach der Abdankung des Kai-
sers und der Ausrufung der Republik 1918 auf. Niederbarnim
und Teltow wurden wieder selbstständige Kreise.

Ein neues Gesetz zum Gebiet der Großstadt Berlin vom 27. April 1920 legte fest, dass die 59 ehemals kreisfreien Städte und
Landgemeinden sowie 27 Gutsbesitze des Zweckverbandes zum
Stadtgebiet Berlin erklärt wurden. Berlin wuchs damit auf 3,8 Millionen Einwohner an. Bis 1939 stieg die Bevölkerung durch weiteren Zuzug auf 4,34 Millionen Einwohner an.
    Nach dem 1. WK entwickelte sich die Weimarer Republik und
damit ihre Hauptstadt Berlin im raschen Tempo. War vordem
Paris das geistig-kulturelle Zentrum Europas, so machte Berlin
Mitte der 1920er-Jahre der französischen Metropole Konkurrenz. 1926 erreichte Berlin seinen Höhepunkt. 120 Tageszei-

tungen erschienen und in 40 Theatern wurden Schauspiel- und Musikprojekte angeboten. Berlin hatte etwa 200 Kammermusik- und Chorvereinigungen, die in 20 Konzertsälen und unzähligen Kirchen auftraten.

1933 begann die schwärzeste Zeit der Deutschen und damit auch der Berliner Geschichte. Obwohl die NSDAP zur Märzwahl mit 43,9 % (in Berlin 34,6 %) der Stimmen keine absolute Mehrheit erreichte, peitschte sie im neuen Reichstag am 23. März 1933 ihre Ermächtigungsgesetze durch, indem die Stimmen für die KPD und einige für die SPD als ungültig erklärt wurden. Hitler wurde von Hindenburg zum Reichskanzler ernannt und von da an überzog der Nationalsozialismus Propaganda und Gräueltaten das Land.

Es folgte der Einmarsch der Wehrmacht in Österreich, ins Sudetenland 1938 und im September 1939 in Polen. Damit begannen der schlimmste Krieg und der grässlichste Völkermord von deutschem Boden aus.

Am 20. Januar 1942 wurde in der Villa am Wannsee die sogenannte Endlösung der Judenfrage beschlossen. Danach setzte ein Völkermorden an den Juden in Deutschland und Europa ein, dem etwa eine Millionen Menschen zum Opfer fielen.

Bis Mai 1945 tobte ein alles vernichtender Krieg, der auch Berlin in ein entsetzliches Trümmerfeld verwandelte. Das gesamte Leben in der Stadt kam zum Erliegen. Es gab keinen Strom und kein Gas, die Wasserversorgung funktionierte nur in wenigen Außenbezirken und die Lebensmittelzufuhr war unterbrochen.

Die Rote Armee hatte am 2. Mai die letzten Widerstandsnester eingenommen und der Berliner Stadtkommandant General Weidling gab die Kapitulation bekannt. Berlin wurde von sowjetischen Truppen besetzt. Berlin war damit vollständig unter sowjetischer Kontrolle. Von Beginn an versuchte die Rote Armee, die Berliner Bevölkerung notdürftig mit Lebensmitteln zu versorgen. Die ersten Aufräumarbeiten wurden organisiert und der Nahverkehr schrittweise wieder in Gang gesetzt. Auch wurden Verwaltungen nach sowjetischem Muster eingerichtet, was jedoch dem Vertrag von Jalta widersprach. In Jalta hatten die Alliierten eine gemeinsame Verwaltung der Stadt beschlossen.

Nachdem im Juni 1945 die Westmächte Berlin mit ihren Armeen erreichten, wurden die Beschlüsse von Jalta erneuert und im August im Potsdamer Abkommen festgehalten. Dementsprechend wurde Berlin in vier Zonen unterteilt, die jeweils durch einen Kommandanten der alliierten Besatzungstruppen (Sowjetunion, USA, Großbritannien und Frankreich) kontrolliert wurden. Es bestand die Aufgabe, eine gemeinsame Verwaltung und Regierung zu bilden. Die Ansichten der Sowjetunion und der Westmächte hinsichtlich Demokratie und Wirtschaft widersprachen sich jedoch grundlegend, sodass die Westmächte die Westzonen separat zusammenschlossen. Daraufhin verließ die Sowjetunion am 20. März 1948 den Kontrollrat und die Kommandantur der Alliierten. Im Juni folgten separate Währungsunionen.

Da die sowjetische Seite die Versorgung der Westsektoren mit allen Mitteln behinderte, bauten die Alliierten eine beispielhafte Luftbrücke von Westdeutschland nach Westberlin auf und flogen alle benötigten Güter, selbst Industrieanlagen ein.

Die Trennung in Ost und West wurde endgültig, nachdem am 23. Mai 1949 die Bundesrepublik Deutschland (BRD) im Westen und am 7. Oktober 1949 die Deutsche Demokratische Republik (DDR) im Osten gegründet worden waren. Die DDR erklärte den Ostsektor von Berlin zur Hauptstadt.

Erst mit dem Beitritt der DDR zur Bundesrepublik am 3. Oktober 1990 wurde Deutschland wieder ein einheitlicher Staat mit Berlin als Hauptstadt.

2

DIE HISTORISCHEN STÄDTE
BERLIN UND CÖLLN

2.1 Die Kirchen von Berlin und Cölln

Die beiden Städte Berlin und Cölln hatte zusammen fünf Kirchen, die alle aus dem 13. Jahrhundert stammten:

» Die Petrikirche, die Stadtkirche von Cölln
» Die Nikolaikirche, die Stadtkirche von Berlin
» Die Marienkirche, die Pfarrkirche der Berliner Neustadt
» Die Klosterkirche des Franziskanerklosters
» Die Dominikanerkirche des Dominikanerordens
» Dazu kam als sechste Kirche 1300 die Heilig-Geist-Kapelle zugehörig zum gleichnamigen Hospital.

Die historische **Petrikirche** von Cölln ist ein Opfer des 2. WK geworden. Sie wurde Ziel von Granaten, nachdem sich eine Schutzstaffel-(SS-)Einheit in ihr verschanzt hatte. 1945 war nur noch eine Ruine übrig, die 1964 abgetragen wurde.

Die **Dominikanerkirche** war die Kirche der „Schwarzen Brüder" (1297 gegründet). Daneben ließ Kurfürst Friedrich II. 1451 seinen Berliner Hof bauen und nutzte fortan die Dominikanerkirche für seine Familie.

1535 löste Kurfürst Joachim II. den Dominikanerorden auf und ließ an Stelle der Kapelle eine Domkirche bauen. Wegen Baufälligkeit wurde diese 1747 unter König Friedrich II. abgerissen. Bis 1750 wurde am Lustgarten ein neuer Dom gebaut. Dazu später mehr.

Die **Klosterkirche** der Franziskanermönche geht auf die Zeit um 1250 zurück. Die erste Kapelle gehörte zum Bettelorden der „Grauen Brüder". Um 1290 wurde eine neue, frühgotische Kir-

che an gleicher Stelle erbaut, die 1470 und auch später noch mehrfach umgebaut wurde. 1945 wurde sie Opfer der angloamerikanischen Bomben und wurde 1959–1961 als Ruine gesichert.

Zwei historische Kirchen bestimmen noch heute das alte Berliner Zentrum: die Nikolai- und die Marienkirche.

Die **Nikolaikirche** ist die älteste Pfarrkirche Berlins. Sie wurde um 1230 als romanische wehrhafte Basilika aus Feldsteinen gebaut.

Ihr Sockel bestand aus behauenen Granitquadern, die noch heute vorhanden sind (siehe Bild). Der noch original erhalten Feldsteinsockel ist somit das älteste in Berlin existierende Bauwerk.

Ende des 14. Jahrhunderts wurde die Nikolaikirche zu einer dreischiffigen, gotischen Hallenkirche umgebaut und in den 1450er-Jahren wurde ein Sakristei- und Kapellenanbau angefügt.

1539 wechselte Kurfürst Joachim II. hier mit dem Rat der Stadt zum evangelischen Glauben über.

Mitte des 17. Jahrhunderts machte der evangelisch-lutherische Theologe Paul Gerhard die Nikolaikirche zum Zentrum des protestantischen Kirchengesangs.

Die Kirche wurde mehrfach umgebaut und saniert. Die heutige Form erhielt sie nach Plänen von Karl Friedrich Schinkel, in Ausführung seines Schülers Friedrich August Stülers bis 1843. 1876–1878 änderte Hermann Blankenstein die bisher eintürmige Anlage in zwei Türme mit achteckigen Helmen.

1944/45 wurde die Nikolaikirche durch die anglo-amerikanischen Bomben bis auf die Umfassungsmauern zerstört. Der Wiederaufbau begann erst 1980 mit der Ausführung des neuen Nikolaiviertels zur Vorbereitung auf die 750-Jahr-Feier Berlins. Seitdem wird die Kirche als Stadtmuseum und für Konzerte genutzt.

Die **Marienkirche** auf dem ehemaligen Neumarkt – gebaut um 1270 ist die älteste noch als Kirche genutzte Pfarrkirche.

Sie ruht auf 16 m hohen Eichenholz-Pfeilern im sumpfigen, sandigen Boden Berlins. Sie ist eine dreischiffige Basilika. Ihre heutige Gestalt erhielt sie nach dem Stadtbrand von 1380. Der Turm wurde 1418 ergänzt und erhielt 1790 von Carl Gustav Langhans seinen Helm. Das heute niedrig gelegene Eingangstor zeigt die mittelalterliche Bodenhöhe.

Bauten auf Eichenholz-Pfählen finden man im Berliner Zentrum vielfach vor. Immerhin ist der Boden im Berliner Urstromtal durch Sand sowie hohen Wasserstand wenig tragfähig. Solange die Hölzer feucht stehen, tragen sie ihre Last für Jahrhunderte. Werden sie trocken, beginnen sie zu zerfallen. Das muss noch heute bei Sanierungen berücksichtigt werden.

Die Marienkirche hat einen großen Bestand an Epitaphien und Tafelbildern, die zum Teil aus der Klosterkirche gerettet wurden. Die Alabaster-Kanzel ist ein Werk von Andreas Schlüter aus dem Jahre 1703.

Bei Restaurierungsarbeiten im 19. Jh. fand man in der Turmhalle ein 22 m langes Fresko von ca. 1480, den „Totentanz", der aussagt: Im Tod sind Arm und Reich gleich.

Außen, neben dem Haupteingang, erinnert ein Sühnekreuz an die Ermordung des Propstes von Bernau 1325.

Die **Heilig-Geist-Kapelle** in der Spandauer Straße gehörte ehemals zum gleichnamigen Spital am westlichen Stadtrand Berlins (ehemals am Spandauer Tor). Sie ist 1300 erbaut worden und ruht auf einem Feldsteinsockel. Der frühgotische Ziegelbau besteht aus einem einschiffigen, rechteckigen Raum mit einem gotischen Sterngewölbe aus dem 15. Jahrhundert. Die Kapelle weist eines der ältesten erhaltenen Dachgewölbe Berlins auf.

Das Hospital wurde 1825 abgerissen, die Kapelle sollte 1905 folgen.

Bevölkerungsproteste verhinderten das. Die Kapelle wurde in den Neubau der Handelshochschule als Hörsaal und zeitweise als Mensa einbezogen. Heute gehört sie zum Komplex der Wirtschaftswissenschaftlichen Fakultät der Humboldt Universität.

2.2 Die Fischerinsel – das alte Cölln

Cölln (bis 1930 mit ‚C' geschrieben, danach mit ‚K', wie auch Köpenick) auf der Fischerinsel war ein 0,28 km² kleiner Ort auf der westlichen Seite der Spree. Sein Zentrum war die Petrikirche an der Kreuzung Breite Straße/Mühlendamm.

Cölln war mit seiner Insellage als Rast- und Umschlagplatz für Händler besonders günstig.

Von der historischen Bausubstanz auf der Fischerinsel ist wenig erhalten geblieben. Infolge des 2. WK wurde fast alles zerstört und zerschossen. Die Ruinen der Petrikirche und des Berliner Schlosses wurden in DDR-Zeiten abgetragen. Trotzdem bietet dieser Teil der Stadt auch heute interessante Bausubstanz und sehenswerte Anlagen.

Das Berliner Schloss

Kurfürst Friedrich II. (Kurfürst 1440-1470) ließ 1443–1451 eine Burg unter Verwendung der Cöllner Stadtmauer errichten. Im 16. Jh. wurde das Schloss weiter ausgebaut und die Schlossapotheke angefügt.

1661 richtete der Große Kurfürst in der Apotheke seine private Bibliothek ein, die der Öffentlichkeit zugänglich war. Das war die Geburtsstunde der heutigen Staatsbibliothek Berlin – Preußischer Kulturbesitz.

Mit der Berufung von Andreas Schlüter 1699 zum Schlossbaumeister wurde das Schloss zur repräsentativen Anlage in Form eines regelmäßigen Kubus ausgebaut, der den prächtigen

Schlüterhof umschloss. Der fürstliche Innenausbau der Schloss-
räume begann 1728, als sich der Polenkönig Kurfürst August
der Starke von Sachsen zum Besuch angekündigt hatte. Vorher
waren die Räume lediglich weiß gekalkt.

Der Architekt Friedrich August Stüler und sein Bauleiter
Albert Dietrich Schadow errichteten 1845–1853 die Kuppel
über dem Eosanderportal nach einer Skizze von König Friedrich Wilhelm IV und einem durch Karl Friedrich Schinkel be-
arbeiteten Entwurf.

1893–1897 ließ Kaiser Wilhelm II. die Häuser der Schloss-
freiheit gegenüber dem Hauptportal abreißen, um seinem On-
kel Kaiser Wilhelm I. ein Denkmal zu setzen.

Die Bomben des 2. WK beschädigten auch das Schloss und 1950
erfolgte die Sprengung der Ruine auf Anweisung der DDR-Regierung.

Einzig das Eingangstor IV, von dessen Balkon aus Karl Liebknecht im November 1918 die freie sozialistische Republik
Deutschland ausgerufen hatte, wurde vor dem Abriss gerettet.
Es wurde in das Gebäude des DDR-Staatsrates eingegliedert (heute ESMT Berlin – European School of Management and Technology Berlin).

Auf dem Gelände
des Schlosses wurde
1973–1976 der **Palast
der Republik** nach
Plänen des Architekt
Heinz Graffunder er-
richtet.

Der Palast war 180 m lang und 85 m breit.

Die Fassade bestand aus weißem jugoslawischem Marmor
und kupferfarbenen Glasscheiben.

Er bestand aus einem großen Saal für 5000 Zuschauer, einem kleinen Saal für das Parlament der DDR (Volkskammer),
einem großzügigen mehrtagigen Foyer mit der Gläsernen Blu-

me im Hochparterre, einer Bildergalerie sowie Gaststätten und einem Bowlingzentrum.

Nach einem Beschluss des Deutschen Bundestages von 2003 wurde der Palast 2006–2008 abgerissen und ein Wiederaufbau des Schlosses in seiner barocken äußeren Form als Humboldt-Forum begonnen.

Der Apothekerflügel wurde vom italienischen Architekt Franco Stella nicht in den Wideraufbau einbezogen. An gleicher Stelle errichtete er einen modernen, schmucklosen Zweckbau.

Die Bauphase dauerte fast neun Jahre – von 2012 bis 2020. Die 105 Millionen Euro teure barocke Fassade wurde ausschließlich durch private Spenden finanziert.

Im Humboldt-Forum werden Ausstellungen aus dem Dahlemer Museumszentrum gezeigt und kulturelle Projekte finden dort ihre Heimat.

Die noch erhaltenen Altbauten auf der Fischerinsel stammen aus dem 17. Jahrhundert oder später.

Sehenswert ist das Ribbeck-Haus von 1624, gefolgt vom Nebengebäude der heutigen Berliner Stadtbibliothek mit Baubeginn 1664 und dem links anschließenden alten Marstall von 1666 – alles liegt in der Breiten Straße.

Ribbeck-Haus/Marstall/Berliner Stadtbibliothek

Diese drei Gebäude muss man in Einheit betrachten.

Das **Ribbeck-Haus,** das einzige erhaltene Renaissancehaus von Berlin, geht in seiner Entstehung auf das Jahr 1624 zurück. Der Kammerherr Hans Georg von Ribbeck (1577–1647) kaufte die Reste zweier,  im Dreißigjährigen Krieg zerstörter Häuser und ließ sie mit einer 30 m langen Fassade neu aufbauen, um sie bald wieder zu verkaufen. Die neue Eigentümerin, Herzogin Anna Sophie von Braunschweig-Lüneburg, Tochter des brandenburgischen Kurfürsten Johann Sigismund, ließ das Haus 1629 um einen dritten Stock und die vier Renaissance-Aufsatzgiebel erweitern. Nach ihrem Tod 1659 kam das Haus in kurfürstlichen Besitz und wurde zum Marstallkomplex (links daneben) einbezogen.

Aus der Erbauungszeit sind die kunstvollen Eisenvergitterungen der Fenster erhalten geblieben.

Das Eingangsportal mit dem Wappen der Erbauer Familie und die Renaissance-Giebel sind später als Kopien ersetzt worden.

Während des 2. WK wurde das Haus teilweise beschädigt, aber 1952 wiederaufgebaut.

In der DDR-Zeit war es u. a. Sitz des Architektenbundes und des Kulturbundes der Hauptstadt Berlin. Seit dem 3. März 1996 ist es Teil der Zentral- und Landesbibliothek sowie Zentrum für Berlin-Studien.

Der alte **Marstall** des Schlosses schließt links an das Ribbeck-Haus an und wurde 1666–1669 durch den niederländischen Architekt M. M. Schmids erbaut.

1898–1900 erweiterte der Architekt Ernst von Ihnen den Marstall mit einer repräsentativen Stirnseite zum Schloss und einer 176 Meter langen Front entlang der Spree (hier im Bild vom Nikolaiviertel aus mit dem heiligen Georg am Ufer) sowie einem Querbau im Inneren.

Im Marstall fanden bis zu 270 Pferde, die Wagen des Hofes und die zugehörigen Bediensteten Unterkunft. Der Neobarockbau wurde einst reich vom Bildhauer Otto Lessing – Urgroßneffe des Dichters Gotthold Ephraim Lessing – bebildert. Nur zwei Skulpturen der Rossbändiger-Gruppen an der Spreeseite sind erhalten geblieben (siehe Bild).

Am Eingangsflügel am Schlossplatz befinden sich Gedenktafeln, die an die 1918 hier stationierten Volksmarinedivisionen erinnern.

Heute sind die Musikhochschule „Hans Eisler", die Berliner Stadtbibliothek und der Verein für die Geschichte Berlins im Marstall untergebracht.

Ein Ausschnitt

Das Eingangs-Gebäude der **Berliner Stadtbibliothek** schließt rechts an das Ribbeck-Haus an. Hier befand sich von 1803–1813 der Sitz der 1762 von König Friedrich II. gegründeten Ritterakademie, in der adlige Offiziere ausgebildet wurden.

Die heutige Stadtbibliothek, die ab 1920 mit im Marstall untergebracht war, erhielt am Ort des durch den 2. WK zerstörten Bau der Ritterakademie 1964–1966 einen Neubau in Fortsetzung der historischen Straßenfront. Schmuck der breiten Glasfront ist das Portal mit 117 Metallrelieftafeln mit Varianten des Buchstaben ‚A‘, die der Berliner Kunstschmied Fritz Kühn geschaffen hat.

Den Abschluss des Quartiers zwischen der Breiten Straße und der Spree bildet ein Neubau, des **Hauses der Wirtschaft** am Mühlendamm, Sitz von Unternehmens- und Industrieverbänden.

Ehemals befand sich an der Stelle ein Barockbau, in dem Karl Kühn 1805 seine Druckerei und Papierhandlung hatte, was jedoch dem 2. WK zum Opfer fiel. Später verwahrloste die Ruine, wurde abgetragen und die Fläche diente als Parkplatz.

Nach der Wiedervereinigung 1990 wurde ein gemeinsamer Baukomplex für BDA, BDI und DIHK (Bund Deutscher Arbeitgeber, Bundesverband der Deutsche Industrie und Deutsche Industrie und Handels-Kammer) nach Entwürfen des Architekten Professor Peter P. Schweger errichtet.

An der Südseite des Schlossplatzes befindet sich das ehemalige **Staatsratsgebäude der DDR** mit dem eingefügten Schlosstor Nr. IV.

Heute ist dort die European School of Management and Technology beheimatet.

Danach kommt man mit der **Schleusenbrücke** über den westlichen Spreearm zur Friedrichsgracht.

Der Name der Brücke geht auf die ehemalige Schleuse zurück. Sie existierte, als der Mühlendamm die Hauptspree noch versperrte und stellte damals die einzige schiffbare Verbindung zwischen Ober- und Unterspree bis 1850 dar. Medaillons von Kurt Schumacher (1942 in Plötzensee ermordet) im Brückengeländer nehmen darauf Bezug.

Das nordöstliche Ufer der Friedrichsgracht begrenzt die ehemalige Stadt Cölln.

Die nächste Brücke über die Friedrichsgracht ist die **Jungfernbrücke.**

Sie ist die älteste erhaltene Brücke Berlins, die 1688 unter Kurfürst Friedrich III. angelegt wurde und war eine hölzerne Zugbrücke.

1798 wurde sie durch eine Eisenkonstruktion mit klappbarer Holzbrücke ersetzt.

1937–1939 wurde der Spreearm vertieft, die Brücke erhielt neue Fundamente und der Klappmechanismus wurde als Fußgängerbrücke durchgehend fest gestaltet.

Entlang der anderen Uferseite zieht sich ein gewaltiger Bau: das ehemalige Reisbankgebäude, zu DDR-Zeit Sitz des Zentralkomitees der Sozialistischen Einheitspartei Deutschlands (SED) und seit 1990 zum Bundesaußenministerium erweitert.

Am Ende der Friedrichsgracht befindet sich die dritte Brücke, die **Gertraudenbrücke** mit der heiligen Gertraude und der Gertraudenstraße.

Namensgeber war das Gertraudenhospital, das 1405 errichtet und bis 1739 betrieben wurde.

Die Spitäler wurden aus städtischen Mitteln finanziert, sodass auch Menschen in Armut versorgt werden konnten. Verstorbene wurden auf den zugehörigen Spitalfriedhöfen beigesetzt.

Die Brückenfigur auf der Gertraudenbrücke (1896 von Rudolf Siemering geschaffen) ist in Erinnerung an das Gertraudenspital modelliert. Sie zeigt die Äbtissin Gertrud aus dem belgischen Kloster Nivelles und einen Wanderburschen mit Gans, den die Schutzheilige mit einem Schluck Wein bewirtet.

Das Engagement der Äbtissin liegt rund 1350 Jahre zurück. Sie wurde posthum zur Patronin der Armen, Kranken und Witwen erklärt. Weil Gertraude zudem die Mäuse- und Rattenplagen bekämpft haben soll, säumen die Nager ihren Sockel. Er trägt die Aufschrift:

„Hei, wie das Naß/durch die Kehle rinnt/und der Bursch mit eins/wieder Mut gewinnt/Nun dankt er laut/Dir, heilige Gertraud/Ratten- und Mäusegezücht/machst Du zunicht,/aber dem armen Land/reichst Du die Hand".

Die Bronze hat im 2. WK der Bronzegießer Hans Füssel vor dem Einschmelzen gerettet.

Ab 1954 stand sie wieder auf ihrem alten Platz auf der Brückenmitte. 2020 wurde sie zur Restaurierung abgenommen, um danach neben der Brücke auf einem gesondertem Sockel aufgestellt zu werden.

Für die Straße wurde eine neue Brücke in Verlängerung der Axel-Springer-Straße neben der alten Gertraudenbrücke gebaut. Die alte Brücke ist nun eine Fußgängerbrücke.

An der Gertraudenstraße vor der Brücke war der **Fischmarkt** die Wiege Cöllns. Es war der Markt dieser Stadt mit dem Rathaus und dahinter der Petrikirche. Vor dem Rathaus befand sich die Ratswaage, auf der alle auf dem Markt feilgeboten Waren gewogen und der Zollwert festgelegt wurde. Bis zum Ende des 2. WK war der Markt ein Geschäftszentrum.

Im Jahr 2012 wurde ein Architekturwettbewerb abgeschlossen, wonach ein Gotteshaus als „interreligiöses Bet- und Lehrhaus" der Juden, Christen und Muslime mit einem viereckigen Turm aus Ziegelsteinen und einer ruhigen schlichten Fassade auf den Fundamenten der Petrikirche errichtet wurde – genannt **House of One**.

In der Brüderstraße 13 befindet sich ein weiteres, gut erhaltenes geschichtsträchtiges Denkmal: das **Nicolaihaus.**

Es ist um 1670 als barockes Bürgerhaus erbaut worden und besteht aus zwei Häusern, dem Hauptgebäude sowie dem Neben- und Seitentrakt. Der Besitzer waren ab 1747 der Unternehmer Johann Ernst Gotzkowsky (1710-1775) – Händler für Galanteriewaren, Gründer der späteren Königlichen Porzellan-Manufaktur Berlins (KPM) und bedeutender Kunsthändler bzw. -sammler.

Christoph Friedrich Nicolai lebte von 1787 bis zu seinem Tode 1811 im Haus. Er ließ es durch Carl Friedrich Zelter – Maurermeister und später Direktor der Berliner Singakademie – dreigeschossig umbauen. Nicolai der eng mit Moses Mendelssohn und Gotthold Ephraim Lessing verkehrte, war ein Vertreter der

Berliner Aufklärer. Das Haus stellte zu der Zeit das geistige Zentrum Berlins dar, eine Keimzelle unserer heutigen Demokratie.

Am Ende des 2. WK fiel es den Bombardements und Endkämpfen um Berlin zum Opfer. Ab 1952 wurde es wiederaufgebaut und diente dem Zentralinstitut für Denkmalschutz der DDR mit Büros und Werkstätten als Sitz.

Seit 1999 wurde es als Museum der Stiftung Stadtmuseum Berlin genutzt. Derzeit hat dort die Deutsche Stiftung Denkmalschutz ihren Sitz.

Im Haus ist noch das Original des geschnitzten Treppenaufgangs erhalten.

Gegenüber der Gertraudenstraße im Bogen des Kupfergrabens befindet sich der **Fischerkietz**.

Dieser wurde im 2. WK nahezu völlig zerstört. Ab 1968 begann eine Neubebauung. Bis 1973 wurden sechs Wohnhochhäuser errichtet. Es waren die ersten 21-stöckigen Hochhäuser der DDR. Das sechste Hochhaus weicht von den übrigen ab, da es erstmals einen versetzten Grundriss hat und die Häuserteile mit 18 bzw. 21 Stockwerken gebaut wurden. Im Erdgeschoss dieses Hauses wurde die Bierstube „Zum Fischerkietz" eingerichtet.

Der Fischerkietz zeigt auch, wie man zu DDR-Zeiten viel Grün, Kinderspielplätze und Erholungsorte in die Neubauviertel einbezogen hat.

Bis zum Beginn des 2. WK befand sich im Fischerkietz auch das historische Gasthaus **„Zum Nussbaum"** (erbaut 1571), in dem u. a. die Maler Heinrich Zille und Otto Nagel oft verkehrten. Auch dieses Haus wurde Opfer der Bombennächte.

Beim Wiederaufbau des Nikolaiviertels auf der Berliner Seite wurde eine Kopie dieses Gasthauses mit eingefügt.

Den Abschluss der Insel bildet die Inselbrücke, an der die Friedrichsgracht von der Hauptspree abzweigt. Davor befindet sich der **Historische Hafen** Berlins. Alte Spree-Kähne und Schiffe liegen am Märkischen Ufer. Sie können teils besichtigt werden und Charterfahrten für Gäste werden angeboten.

Früher trieben die Kähne flussabwärts mit der Strömung, flussaufwärts wurde getreidelt, das heißt, die Boote wurden vom Ufer an Seilen durch Menschen oder Pferde gezogen.

Exportschlager der Berliner war vorwiegend Roggen, der nach Hamburg geliefert wurde. Von Hamburg kamen niederländische Tuchwaren nach Berlin. Berlin und Cölln waren bis 1448 Mitglieder der Hanse.

Träger des heutigen Historischen Hafens ist die Berlin-Brandenburgische Schifffahrtsgesellschaft. Sie ist Besitzerin der ankernden alten Schiffe.

2.3 Das alte Berlin

Der älteste Berliner Stadtteil ist das **Nikolaiviertel**.

Es befindet sich zwischen der Spandauer Straße, dem Mühlendamm, dem Spreeufer und der Rathausstraße.

Das heutige Nikolaiviertel ist zwischen 1980 und 1987 in Vorbereitung auf die 750-Jahr-Feier Berlins wiedererstanden.

Noch vorhandene Altbausubstanz wurde rekonstruiert und dazwischen wurden moderne Betonbauten in einem angepassten Stil errichtet.

Die **Nikolaikirche** bildete den Mittelpunkt des Viertels. Von Interesse dürfte der **Wappen-Brunnen** vor der Kirche sein. Auch er stammt aus der Wiederaufbauzeit vor der 750-Jahr-Feier Berlins und geht auf einen Entwurf von Gerhard Thieme aus dem Jahre 1928 zurück. Es ist ein achteckiger Brunnen mit Berliner Wappen an den Seiten und einem Bären auf der Mittelsäule, der ein Wappen mit Adler hält. Der Brunnen soll an die Stadtgründung erinnern.

Das **Knoblauchhaus** – Baujahr 1759/60 – ließ Johann Christian Knoblauch errichten. Es ist eines der wenigen Gebäude im Nikolaiviertel, das den 2. WK überstanden hat.

Sein Sohn Karl Friedrich begründete hier 1789 eine Seidenhandlung. Das Haus wurde zu einem gesellschaftlichen Mittelpunkt der Stadt, da namhafte Gäste zum Freundeskreis gehörten, u. a. Gotthold Ephraim Lessing, Moses Mendelssohn, Gerhard David von Scharnhorst, Freiherr von und zum Stein, Alexander von Humboldt, Christian Daniel Rauch oder Karl Friedrich Schinkel.

170 Jahre blieb das Haus im Besitz der aus Ungarn stammenden Familie Knoblauch. Aus ihr gingen viele angesehene Bürger, Universitätsprofessoren und Eduard Knoblauch hervor – der Architekt der Neuen Synagoge in der Oranienburger Straße.

Im Erdgeschoss ist die „Historischen Weinstuben" eingerichtet. Die oberen Räume beherbergen ein **Biedermeiermuseum** und zeigen Dokumente, Gemälde sowie Sachzeugen über die Zeit der Berliner Aufklärung (Biedermeierzeit zwischen 1815 und

1848). Der Biedermeierstil betonte bürgerliche Einfachheit im Gegensatz zum höfischen Pomp. Er ist nach Gotthold Biedermeier benannt.

Die **kleinen Häuser der Nikolaistraße 5–9** stammen aus dem 17. Jahrhundert.

Im Vorgängerbau des schmalen Hauses Nr. 7 hat **Gotthold Ephraim Lessing** 1765 gewohnt und „Minna von Barnhelm" zu Ende geschrieben.

Er wohnte mehrfach in Berlin und war mit Moses Mendelssohn sowie C. F. Nicolai eng befreundet.

In Berlin schrieb Lessing auch das Lustspiel „Die Jüdin" (1751) und das Trauerspiel „Miß Sara Sampson" (1755). 1764 veröffentlichte er seine „Briefe, die die neueste Literatur betreffen" in der Nicolaischen Buchhandlung in Berlin.

Das **Kurfürstenhaus** war ehemals die kurfürstliche Münze und wurde 1895 von Carl Ganse gebaut. Es überstand den 2. WK und wurde vor der 750-Jahr-Feier Berlins aufwendig von Privathand saniert.

Das Haus zieht sich von der Poststraße 4/5 durch bis zum Spreeufer 5 (siehe Bild), dort mit aufwendigem figürlichem Schmuck an der roten Sandstein-Fassade im Stil der Neorenaissance.

Das „**Schmale Haus**" in der Poststraße 30 wurde 1907 als Büro- und Geschäftshaus vom Architekturbüro Gustav Hart (1864–1929) und Alfred Lesser (1871–1915) erbaut und steht unter Denkmalschutz.

Das **Haus Poststraße Nr. 13/14** vom Architekt Paul Baumgarten wurde 1935 gebaut (er baute u. a. den Konzertsaal der Universität der Künste in der Hardenbergstraße und das Schillertheater), ist aus zwei Häusern zusammengefügt und mit Siegelsburger Kacheln belegt.

Die **Gerichtslaube** ist eine Kopie der ehemaligen gotischen Gerichtslaube am alten Berliner Rathaus.

Das Original erhielt Kaiser Wilhelm I. 1871 beim Abriss des alten Rathauses von der Stadt geschenkt und ließ es im Park Babelsberg auf der Lennéhöhe wieder aufstellen, wo es noch heute zu finden ist.

In Vorbereitung auf die 750-Jahr-Feier der Stadt wurde 1987 eine Kopie der Gerichtslaube in Plattenbauweise als Gaststätte eröffnet.

Die Gerichtsbarkeit stellte ein Symbol der städtischen Freiheit dar. Die alte Gerichtslaube aus dem 13. Jh. (etwa 1270) war nach drei Seiten offen, damit die Öffentlichkeit bei Verhandlungen Zugang hatte. Ein Richter und sieben Schöffen (vier aus Berlin und drei aus Cölln) sprachen Recht. Die Schöffenbank ist im Original im Berliner Stadtmuseum noch erhalten. Darüber befand sich die 1485 erbaute Ratsstube.

Die Gaststätte **„Zum Nussbaum"** wurde beim Wiederaufbau des Nicolaiviertels als Kopie der historischen Gaststätte der Fischerinsel 1987 errichtet. Heute ist sie eine altberlinisch eingerichtete Gaststätte.

Am Ende der Poststraße befindet sich das **Ephraimpalais**.

Es gilt als die schönste Ecke Berlins – ein reich geschmücktes Rokoko-Haus des Juden Natan Veitel Heine Ephraim. Es wurde 1762–66 von Friedrich Wilhelm Dietrichs gebaut. Ephraim war Hof-Juwelier und Münzpächter des Königs Friedrich II.

König und Juwelier waren sich sehr einig. Gemeinsam haben sie die Silberanteile der Münzen reduziert und sich den Erlös geteilt. So hatte jeder etwas für seine Schatulle.

1935/36 beim Erweitern des Mühlendamms wurde das Palais abgerissen und die 2493 Teile wurden in Wedding eingelagert. Mit der Stadt-Teilung befand sich die Einlagerung in Westberlin. Als in den 1980er-Jahren der Wiederaufbau des Gebäudes erfolgen sollte, einigte man sich auf einen Kulturaustausch zwischen Ost und West. Im Gegenzug übergab die östliche Seite Original-Entwürfe der KPM (Königliche- Porzellan-Manufaktur).

Weiterhin lohnt sich ein Durchstreifen des gesamten Viertels, das viele Restaurants sowie kleine und größere Geschäfte für allerlei Bedürfnisse bietet.

Nach dem Besuch des Nikolaiviertels überschreiten wir die Spandauer Straße und gelangen zum **Roten Rathaus**.

Es ist ein Bau aus rotem Backstein und wurde von Hermann Friedrich Waesemann 1861 bis 1869 errichtet. Das Rathaus umfasst ein Quartier von 90 X 100 m und in der Mitte der Hauptfront erhebt sich ein 97 m hoher Uhrturm.

Ein Terrakotta-Fries aus 36 Tafeln, das die Geschichte Berlins bis 1871 darstellt, umgibt die Hauptfront, „Steinerne Chronik" genannt.

Die Kriegsbeschädigungen des Gebäudes wurden 1953/54 originalgetreu rekonstruiert. Der Ratssaal (Wappensaal) ist im Original erhalten.

Vor dem Rathaus stehen zwei Bronze-Skulpturen von Fritz Cremer, die an die Trümmerbeseitigung nach dem 2. WK erinnern.

Vor dem 2. WK war hier das Viertel der ersten Stadterweiterung, die **Berliner Neustadt** mit dem Neumarkt und der Marienkirche als Mittelpunkt. Übrig blieb ein einziges Ruinenfeld.

DDR-Landschaftsgestalter haben im Zusammenhang mit dem Bau des **Fernsehturms** unter Einbeziehung der Marienkirche für die Berliner Bürger und deren Gäste ein Areal geschaffen, in dem man flanieren, verweilen und ein wenig im Stadtgetümmel abschalten kann.

Interessante **Wasserspiele** schaffen einen einzigartigen Erlebnisbereich, weite Rosenanlagen und der Neptunbrunnen bieten Erholung für die Seele.

Beide Seiten sind mit Wohn- und Geschäftsbauten aus DDR-Zeit gestaltet.

Der **Neptunbrunnen** war ein Werk des Bildhauers Reinhold Begas von 1891 als Geschenk der Stadt an Kaiser Wilhelm II. Damals stand er am Schloss zwischen Tor II und der Breiten Straße. Er wurde vor der Schloss-Sprengung ab-

gebaut und eingelagert. 1969 erfolgte seine Rekonstruktion und Neuaufstellung zwischen Rathaus und Marienkirche.

In der Mitte thront Neptun, der Herr der Meere, mit seinem Symbol, einem Dreizack.

Vier Frauengestalten am Brunnenrand sollen die vier großen deutschen Ströme: Rhein (mit Fischernetz und Weintraube), Elbe (mit Ähren und Früchten), Oder (mit Ziege und Fell) und Weichsel (mit Holzklötzen) darstellen.

Der Berliner Volksmund spricht von den einzigen Berlinerinnen, die den Rand halten können.

Die Brunnenfiguren wurden im Kunstgusswerk in Lauchhammer hergestellt. Der Brunnen selbst ist aus schwedischem Granit gefertigt. Bis zur Spitze des Dreizacks misst er 10 m, sein Durchmesser beträgt 18 m.

An der Ecke Spandauer-/ K.-Liebknecht-Str. befindet sich im Pflaster eine Hinweistafel zum Standort des Wohnhauses des jüdischen Gelehrten und Aufklärer **Moses Mendelssohn,** zu dem in Anlage 3: Jüdisches Leben mehr zu erfahren ist.

Der **Fernsehturm** wurde 1965–69 errichtet, damals war er 365 m hoch.

Die Turmgestaltung geht auf die Architekten Hermann Henselmann und Jörg Streitparth zurück. Sein Bau auf dem wenig tragenden Grund des Berliner Urstromtals ist eine technische Meisterleistung.

Er dominiert das Berliner Stadtbild. Eine Kugel ab 203 Meter Höhe hat einen Durchmesser von 33 m. Im Inneren befinden sich eine Aussichtsplattform und darüber ein sich drehendes Restaurant. Die Kugel ist facettenartig aus Edelstahl verkleidet, woarauf sich bei Sonnenschein deutlich ein Lichtkreuz darstellt.

Der Turm ist von vielen Orten aus zu sehen und damit ein lohnendes Foto-Objekt, wie hier im Bild durch die Fensteröffnung der Ruine der Klosterkirche.

Die Antenne war 118 m lang, wurde aber 1997 um 3 m erhöht. (siehe Anlage 5)

Walter Herzog und Herbert Aust schufen 1969–72 drei Pavillon-Bauten am Fuß des Turmes, die an das Wurzelwerk eines Baums erinnern. In der Turmachse zwischen zwei Pavillons beginnt eine Freitreppe, die in wechselnden Wasserspielen aus 560 Düsen endet.

Der **Molkenmarkt** zwischen Rotem Rathaus und Stadthaus ist der älteste Markt Berlins. „Um ihn wurde vermutlich im 12. Jh. mit der Bebauung der Stadt begonnen. Seinen Namen erhielt er um 1600, weil dort die Milch verkauft wurde, die aus der Molkereiwirtschaft der Kurfürstin stammte." [13]

Heute befinden sich in Nr. 1–3 das ehemalige **Palais Schwerin** und die ehemalige Münze auf dem Gelände der Stadtvogtei.

Das Palais (Nr. 3) wurde 1699–1702 für den damaligen Staatsminister erbaut. 1936 wurde die ehemalige Münze rechts daneben angefügt (Nr. 1). Sie schmückt über dem 2. Geschoss eine Kopie eines Reliefs von Gottfried Schadow aus dem Jahre 1800.

Das **Stadthaus** schuf 1902–11 der damalige Stadtbaudirektor Ludwig Hoffmann als Erweiterungsbau für das zu klein gewordene Rote Rathaus. Den Bau überstrahlt ein 80 m hoher Rundturm. Das Stadthaus enthält Büroräume und Räume für Feierlichkeiten.

Gegenwärtig wird um den Molkenmarkt ein neuer Stadtteil gebaut.

Entlang der Gruner Straße in nördlicher Richtung erstreckt sich rechts das alte **Klosterviertel.**
  Innerhalb der alten Stadtmauer befanden sich an der Klosterkirche das „**Graue Kloster**" der Franziskaner und das alte kurfürstliche Herrenhaus, der erste kurfürstliche Sitz im alten Berlin.
  Das Kloster wurde 1539 von Joachim II. aufgelöst und später zum Gymnasium umgestaltet. Ab 1574 wurde es die höchste Berliner Bildungsstätte, die Persönlichkeiten wie Schadow, Schinkel, Bismarck, Turnvater Jahn oder Erich Rathenau hervorbrachte.

Im 2. WK erlitt der Baukörper erhebliche Bombenschäden, nachdem er durch den Bau der U-Bahn unter der Klosterstraße 1851 bereits beeinträchtigt wurden. 1959/61 erfolgte der Abriss des Gymnasiums. Einzig die Ruine der Klosterkirche blieb erhalten, die später gesichert wurde.

Im Klosterviertel befindet sich die **Parochialkirche**, die 1695–1703 durch Johann Arnold Nering gebaut wurde. Martin Grünberg fügte dem Bau, den er nach Nerings Tod übernommen hatte, 1713/14 einen Turm mit offenem Säulengeschoss an, um das Glockenspiel des eingestürzten Münzturms des Schlosses aufzunehmen.

1944 im 2. WK brannte die Kirche aus und das Obergeschoss des Turmes samt Helm stürzte in das Kirchenschiff.

Nach 1945 wurde die Kirche ohne Inventar, nur mit Gestühl als Notkirche wieder hergerichtet. Statt einem Altar wurde ein von Fritz Kühn aus aufgefundenen Eisenteilen gestaltetes Kreuz aufgehängt.

Von Interesse dürfte auch der Friedhof sein, einer der ersten der evangelischen Gemeinde in Berlin, mit gut erhaltenen typischen Berliner Eisenkreuzen aus dem 19. Jahrhundert.

In der Weisenstraße befindet sich die **Gaststätte „Zur letzten Instanz"**, 1561 erstmals urkundlich erwähnt. Ab 1621 war sie die Trinkstube der Reitknechte des Kurfürsten. Erst seit 1924 trägt die Gaststätte diesen Namen.

Nach einer Legende sollen zwei Bauern einen langwierigen Rechtsstreit hier bei einem Glas Bier beigelegt haben.

In den 1920er-Jahren waren berühmter Persönlichkeiten wie Henny Porten, Charly Chaplin, Heinrich Zille, Clara Zetkin, Wilhelm Raabe oder Otto Nagel dort zu Gast.

Das **Amtsgericht** (Littenstraße) wurde 1896–1904 erbaut und ist eines der imposanten Gebäude sowie der zweitgrößte Bau Berlins. Es war ursprünglich 207 m lang und umfasste fünf Höfe. Der Flügel an der Grunerstraße wurde 1968 zur Verbreiterung der Straße abgerissen.

Besonders sehenswert ist das Innere des Gebäudes, sodass sich ein Betreten durch den Haupteingang lohnt. Es schwingen sich doppelläufige, von einem Pfeilersystem getragene Treppen in die oberen Stockwerke.

Der **Bahnhof Alexanderplatz** ist einer der Bahnhöfe der Berliner Stadtbahn, die durch die Innenstadt führt.

Die Streckenführung erfolgte 1875–82 auf dem zugeschütteten Stadtgraben vor der mittelalterlichen Stadtmauer. Die Stadtbahn wurde auf über 750 Bögen vom Ostbahnhof bis Charlottenburg errichtet. Damals war sie eine Weltneuheit. Später wurde die Strecke für die Fernbahn erweitert. Dazu mussten alle Bögen zusätzlich untermauert werden. Heute werden sie für Werkstätten, Lager, Gaststätten, Galerien oder als Geschäfte genutzt.

Am Alexanderplatz kreuzen sich außerdem drei U-Bahnlinien: Nr. 2 Pankow – Ruhleben, Nr. 5 Höhnow – Hauptbahnhof und Nr. 8 Wittenau – Hermannstraße. (Siehe Anlage 4)

Der Alexanderplatz befand sich ehemals außerhalb des alten Berlins. Er entstand im 18. Jh. vor dem Königstor, war Vieh- und Wollmarkt, später Exerzierplatz. Ab 1808 wurde er anlässlich des Besuches nach Zar Alexander benannt. Der Platz wurde

um die Jahrhundertwende 19./20. Jh. zu einem Berliner Zentrum mit Kaufhäusern, Banken und Kulturstätten.

Im 2. WK wurde vieles zerstört und danach abgerissen.

BERLINER DOM UND MUSEUMSINSEL

Einzig das Berolina- und das Alexanderhaus von 1929–32 des Architekten Peter Behrens existieren noch.

In den 1960er-Jahren er-
folgte eine Neubebauung
mit einem Kaufhaus, ei-
nem Hotel, einem Reise-
büro mit einem Womacka-
Metallfries, dem Haus des
Lehrers mit einem Woma-
cka-Wandfries und einer
Kongresshalle (Architekt:
Hermann Henselmann).

Zum Platzschmuck diente
die Weltzeituhr von Erich
John und der Brunnen
der Völkerfreundschaft
von Walter Womacka.

In Realisierung befin-
det sich eine Neugestal-
tung um den Platz mit
Hochhäusern nach einem
Entwurf von Hanns Koll-
hoff (1993).

3

BERLINER DOM UND MUSEUMSINSEL

Der sich in nordwestlicher Richtung nach dem Schlossplatz anschließende **Lustgarten** (ehemals auch Küchengarten des Schlosses) reichte einmal bis zum westlichen Ende der Insel zwischen den beiden Spree-Armen. Er wurde in späteren Zeiten durch den Domneubau und die Bauten der Museumsinsel wesentlich eingeschränkt. Heute umfasst er nur noch das Quartier zwischen Schlossplatz, Dom, Alten Museum und Spree.

Der Berliner Dom

Die Domkirche am Schlossplatz war Mitte des 18. Jahrhunderts baufällig. So ließ König Friedrich II. 1747–50 an der Spreeseite des Lustgartens durch Johann Boumann im schlichten Barock einen neuen Dom bauen.

Nach dessen Fertigstellung wurde der alte Dom abgerissen, nachdem die kurfürstlichen Särge umgebettet waren. Anfang

des 19. Jahrhunderts gestaltete Karl Friedrich Schinkel im Auftrag von Friedrich Wilhelm III. den Dom im Klassizistischem Stil bis 1821 um.

Kaiser Wilhelm II. ließ 1893 den Schinkelbau abtragen und die neue Hofkirche von Julius Carl Raschdorff als Zentralkirche der protestantischen Bevölkerung Preußens und Deutschlands sowie als Gegenpol zum katholischen Petersdom in Rom errichten.

1905 wurde der Bau fertiggestellt. Die Kuppel ist 74 m hoch und 35,4 m im Durchmesser (Architekt: Günther Stahn).

Die Predigtkirche hat Platz für 2100 Besucher und ist 60 m hoch. Acht Mosaikbilder (Entwürfe vom Kaisermaler Anton von Werner) und Altarfenster schmücken die Kuppel im Innern.

Der Dom hat eine Sauer-Orgel (von 1904) mit 7269 Pfeifen, 113 Registern und 4 Manualen.

Der Altartisch, das Kruzifix und das Lesepult sind Entwürfe von Friedrich August Stüler. Die Kandelaber entwarf K. F. Schinkel. Sie stammen aus dem Schinkeldom. Die aus Eichenholz geschnitzte Kanzel (1907) ist ein Werk von Otto Raschdorff, dem Sohn des Baumeisters.

In der Kapelle sind die Särge des Großen Kurfürsten mit Gemahlin, König Friedrich I. mit Gemahlin, ein Grabmonument für Kurfürst Johann Cicero sowie der Marmorsarg von Kaiser Friedrich III. aufgestellt. Die weiteren Särge des Hauses Hohenzollern befinden sich in der Gruft des Domes.

Im 2. WK wurde der Dom erheblich beschädigt. Nach ersten Ausbesserungen fanden Gottesdienste in der Krypta statt. 1975 begann der Wiederaufbau. 1980 waren Tauf- und Traukirche fertiggestellt. Die Kuppel wurde neu abgeschlossen.

Die Denkmalskirche an der Nordseite wurde 1975 abgetragen.

Die Museumsinsel

Das gesamte Gelände war bis zum 17. Jh. ein Sumpf. Kurfürstliche Wasserbauer zogen Gräben ein, bauten Terrassen und pflanzten Blumen, die sie aus Holland importierten. Ein Botanischer Garten und ein Küchengarten entstanden.

1658 ließ der Große Kurfürst Friedrich Wilhelm eine gewaltige Festungsmauer errichten und der Schlossgarten wurde zum Bollwerk.

Anfang der 18. Jh. fielen die Festungsmauern wieder und der Festungsgraben wurde zugeschüttet. Ein geometrisch perfekter „Lustgarten" entstand. König Friedrich Wilhelm I. machte ihn zum Exerzierhof. Friedrich II. ließ im Küchengarten die ersten Kartoffeln anbauen.

Erst im frühen 19. Jh. begann die kulturelle Ausrichtung des Geländes. Die Neuordnung des Raumes erfolgte 1817 durch Schinkel im Auftrag von Friedrich Wilhelm IV. Der König erklärte die Insel 1841 zu einem „der Kunst und den Altertumswissenschaften geweihten Bezirk". Der König lieferte selbst die Entwurfsskizze, die der Schinkel-Schüler August Stüler zum Plan entwickelte.

Erst in den 1870er-Jahren bürgerte sich der Begriff *Museumsinsel* ein. Vor allem durch die geschickte Politik des „Museumsgenerals" Wilhelm von Bode, der die Großbürger zu märchenhaften Stiftungen animierte, wuchsen die Sammlungen gewaltig an.

Ab 1933 und besonders im 2. WK erfolgte die Zerstörung der Museumsinsel und der Untergang des Deutschen Kulturstaates.

Der Wiederaufbau, der in der DDR begonnen und im wiedervereinten Deutschland vollendet wurde, war ein enormes Werk. Seit 1999 gehört die Museumsinsel zum UNESCO-Weltkulturerbe.

Altes Museum

Karl Friedrich Schinkel erfüllte sich 1815–28 den Traum vom „Griechischen Tempel" und schuf sein Meisterwerk.

Das erste Berliner Museum als Pendant zum Stadtschloss in Harmonie mit dem Lustgarten wurde zum Hauptwerk des romantischen Klassizismus.

Eine Freitreppe mit Bronzefiguren – rechts „Amazone zu Pferd, einen Tiger abwehrend", links „Jüngling zu Pferd, den Speer auf einen Löwen schleudernd" – führt zum Bauwerk.

Die innere Eingangsrotunde ist dem römischen Pantheon nachempfunden und mit Marmorstatuen römischer Götter geschmückt.

Nach dem 2. WK erfolgten umfangreiche Rekonstruktionen.

Es werden die Antikensammlung und wechselnde Ausstellungen gezeigt.

Die Berliner Antikensammlung hat eine über 300-jährige Geschichte. Zu Beginn stand der Ankauf der berühmten Sammlung Bellori aus Rom 1698. Gezeigt wurde die Kunst und Kul-

tur der antiken Welt: Griechenland, jene der Etrusker und der Römer. Dazu gehörten Stein- und Bronzefiguren, Vasen, Gold- und Silberschätze, sowie Porträts von Kleopatra und Cäsar.

Vor der Freitreppe steht eine **Granitschale** mit 7 m Durchmesser und 76 t Gewicht aus einem Findling der „Rauner Berge", bei Fürstenwalde gemeißelt.

Der Volksmund spricht von der größten Suppenschüssel Berlins–1831 vor dem Museum aufgestellt und zur NS-Zeit in den Domgarten umgelagert. Seit 1981 steht sie wieder am alten Platz. Man sieht noch heute die Schusslöcher aus dem 2. WK

Neuen Museum

Der erste Schritt zum neuen Kulturzentrum war der Bau des Neuen Museums durch August Friedrich Stüler als dessen Hauptwerk (1843–55).

Es war ein Experimentierlabor der modernen preußischen Bautechnologie. Beraten durch den Industriellen August Borsig schuf Stüler raffinierte Eisen-, Gewölbe- und Mauerkonstruktionen.

Im 2. WK bis auf die Fassade zerstört, wurde es in der DDR-Zeit oft als Kriegsfilm-Kulisse verwendet.

1999–2009 wurde das neue Museum durch David Chipperfield wieder hergestellt und erweitert.

Darin befinden sich das Ägyptische Museum, die Papyrussammlung und das Museum für Vor- und Frühgeschichte.

Berühmtestes Ausstellungsstück ist die Büste der Nofretete, der Hauptgemahlin des Königs Echnaton aus dem 14. Jh. v. Chr.

Für die damals „moderne Kunst" plante Stüler die

Alte Nationalgalerie

Sie ist nach dem Vorbild der Akropolis Athens, eines korinthischen Tempels, gestaltet. 1866–76 wurde sie nach Plänen Friedrich August Stülers und Johann Heinrich Stracks (beide Schinkelschüler) gebaut.

Der Beginn der Sammlung war das Vermächtnis von Konsul und Bankier Joachim Heinrich Wilhelm Wagner, der 1861 seine 262 Gemälde dem Preußischen Prinzregenten Friedrich Wilhelm IV. hinterließ.

Die Galerie zeigt die wichtigsten Werke des 19. Jh. U.a. von Feuerbach, Menzel, Liebermann, die Galerie der Romantik und Werke französischer Impressionisten u.a. von Cezanne, Renoir oder Monet.

1919 folgt der nächste wichtige Schritt, als Museumsdirektor Ludwig Justi expressionistischen Malern mit der Eingliederung ihrer Bilder in der Nationalgalerie einen prominenten Auftritt verschaffte.

Mit Beginn des 2. WK wurde die Nationalgalerie geschlossen und viele Werke als „Entartete Kunst" verkauft.

Nach der Kriegsbeschädigung wurde die Nationalgalerie 1945 als erstes Gebäude der Museumsinsel wiederaufgebaut und geöffnet.

Im Rahmen des Masterplans Museumsinsel wurde die Alte Nationalgalerie auch als erstes Museum saniert und im Dezember 2001 wiedereröffnet.

Im ersten Ausstellungsgeschoss werden klassizistische Skulpturen gezeigt, darunter Plastiken von Johann Gottfried Schadow (u. a. die berühmte **Prinzessinnengruppe**), Christian Daniel Rauch, Antonio Canova und andere.

Prinzessinnengruppe

Vor dem Gebäude steht das Reiterstandbild von König Friedrich Wilhelm IV. 1875–1886 wurde es von Alexander Calandrelli nach einem Entwurf von Gustav Blaeser geschaffen.

Die Kolonnaden wurden 1853 und 1876 errichtet, aber im 2. WK schwer beschädigt. Die Sanierung und Wiederherstellung werden gegenwärtig abgeschlossen.

1896 wurde ein weiterer Bau an der Spitze der Museumsinsel durch Ernst von Ihnen realisiert, das „Kaiser-Friedrich-Museum", heute **Bodemuseum** genannt (Bauzeit: 1897–1904). Es ist ein Beispiel für Wilhelminische Barock, mit einer Kuppel über der Ruhmeshalle als Krönung.

Die Inselspitze trägt das Wappen vom Kaiser Friedrich und ist durch zwei Monbijou-Brücken von jedem Ufer aus erreichbar.

Seit 1956 ist es nach dem ersten Direktor Wilhelm v. Bode (Generaldirektor der Berliner Königlichen Museen, 1845–1920) benannt. Er schuf die Grundlagen eines modernen Museumswesens.

Die Skulpturensammlungen gehören zu den weltweit größten Sammlungen, die vor allem auf die Tätigkeit der Großen Kurfürsten zurückgehen.

Das Schwergewicht liegt auf der Kunst des Weströmischen und des Byzantinischen Reiches vom 3. bis zum 15. Jh.

Im 2. WK nur wenig beschädigt, wurde das Museum bis 1951 wieder instandgesetzt. Es beinhaltet außer der Skulpturengalerie Byzantinische Sammlungen, Teile der Gemäldegalerie und das **Münzkabinett**.

Das Münzkabinett ist aus der Kunstkammer der Brandenburger Kurfürsten hervorgegangen und besteht aus über 500 000 Münzobjekten, davon etwa 1500 Spitzenstücken und ist damit eine der bedeutendsten Sammlungen der Welt. Gezeigt werden Stücke vom Beginn der ersten Münzprägung im 7. Jh. v. Chr. bis zur Euromünze.

Leider wurde in der Nacht zum 27. März 2017 die etwa 100 kg schwere Big-Maple-Leaf-Goldmünze gestohlen. Es handelte sich um die Leihgabe eines privaten Eigentümers. Ihr Nennwert betrug eine Million kanadische Dollar, der Materialwert zum Tatzeitpunkt rund 3,8 Millionen Euro. Sie ist bisher nicht wieder aufgetaucht. Die Diebe wurden verurteilt.

Pergamonmuseum

Ein erster Bau von 1899 wurde 1908 abgerissen, da die Fundamente absackten und außerdem die bei den Ausgrabungen in Babylon, Uruk, Assur und Ägypten gefundenen Monumentalobjekte im ersten, zu kleinen Bau nicht gezeigt werden konnten.

Der Bau des Pergamonmuseums wurde 1907 von Alfred Messel nach seinen Entwürfen begonnen. Er verstarb jedoch 1909. Danach übernahm Stadtbaumeister Ludwig Hoffmann (1852–1932) mit Bauunterbrechungen während des 1. WK, bis 1930 den Bau, der aber nicht vollendet wurde. Die geplante Säulenhalle und ein Eingangsportikus fehlen bis heute.

Es ist das erste und auch berühmtestes Architekturmuseum der Welt. Die Sammlungen umfassen: die Antikensammlung, das Vorderasiatisches Museum, das Museum für Islamische Kunst und den Pergamonaltar (2. Jh. vor Chr. – siehe Bild) mit dem Kampf der Giganten gegen die griechischen Götter.

Weitere Höhepunkte sind das Markt Tor von Milet (2. Jh. nach Chr.), die Prozessionsstraße aus Babylon (6. Jh. n. Chr.) und das Ischtartor aus Babylon (6. Jh. n. Chr.) aus der Stadtmauer des antiken Babylons.

Bei den 2006 begonnenen Sanierungen soll der vierte Flügel am Kupfergraben hinzugefügt werden und die unterirdische Verbindung mit dem James-Simion-Galerie sowie dem Bodemuseum erfolgen.

Gegenüber dem Museum, auf der anderen Uferseite des Kupfergrabens, steht ein Rundbau, der ein Monumentalbild vom historischen Pergamon zeigt und außerdem zum **Pergamonaltar** informiert.

Jüngster Bau ist die am 12. Juli 2019 eröffnete **James-Si-mon-Galerie** als Eingangs- und Besucherzentrum für die gesamte Museumsinsel. Sie ist ein Gebäude von David Chipperfield (geb. 1953) mit Information, Shop, Restaurant und Café.

Am Kupfergraben befindet sich ein weiteres historisches Gebäude, das **Magnushaus.**

1754 von Georg Wenzeslaus von Knobelsdorff (Architekt Friedrich II.) erbaut. Der Physiker Heinrich Gustav Magnus (1802–70) wohnte 1842–70 hier. Es fungierte damals als erstes physikalisches Institut Deutschlands.

1911 wohnte der Intendant Max Reinhardt darin.

Heute ist hier die Max-Planck-Bibliothek untergebracht.

4

DIE ERWEITERTE STADT BERLIN

Ende des 17. Jh. siedelten sich außerhalb der Stadtmauer verschiedentlich zugezogene Bürger und Bauern an (u. a. Hugenotten, Pfälzer, Böhmen, Juden), die anfangs nicht Bürger der Stadt waren. Ab 1662 erhielten sie vom Kurfürsten einen Frei- und Schutzbrief. 1685 mit dem Edikt von Potsdam wurde den zuwandernden Hugenotten aus Frankreich weitere Vergünstigungen zur Ansiedlung eingeräumt (siehe Anlage 2). Es waren tausende, vorwiegend Handwerker, mit denen die Industrialisierung in Berlin und Brandenburg einsetzte. Das unterstützte die Entwicklung von Friedrichswerder, Dorotheenstadt und Friedrichstadt.

4.1   Die Dorotheenstadt

Die Dorotheenstadt wurde 1674 gegründet und erhielt 1681 ihren Namen nach der Kurfürstin Dorothea, der zweiten Gattin des Großen Kurfürsten Friedrich Wilhelm.

Sie liegt westlich von Berlin und Cölln, südlich des Spreebogens bis zum Brandenburger Tor. Ihre Magistrale ist die Straße Unter den Linden.

Unter den Linden

Das ist eine Straße, reich an vielen interessanten Bauten, Geschäften, vor allem aber mit Kultur und Geschichte.

Ein Blick vom Fernsehturm auf Schlossbrücke, Kommandantenhaus, Kronprinzenpalais, Prinzessinnenpalais, Oper und Kommode.

1526 ließ sich Kurprinz Joachim v. Brandenburg Nestor ein Waldgebiet westlich der Spree für einen Tiergarten zur Unterhaltung des Hofes überschreiben. Zugang war eine hölzerne Zugbrücke über den Festungsgraben, genannt die Neue- oder Hunde-Brücke am Schloss. Dahinter führte ein Reitweg durch den Tiergarten.

1647 (nach dem 30-jährigen Krieg) ordnete der Große Kurfürst Friedrich Wilhelm die Befestigung des Reitweges an. In sechs Reihen sollten je 1000 Linden und Nussbäume den Reitweg rechts und links der 60 m breiten Allee beschatten. Die Allee war damals 941,5 m lang, begann etwa dort, wo auch heute die Baumreihen beginnen und der Große Friedrich auf seinem Ross sitzt, und endet an der Schadowstraße.

Die Bebauung der Straße begann zur gleichen Zeit. Die Bauherren erhielten zehn Freijahre von Abgaben und Militär-Einquartierungen sowie freies Bauholz. Hier siedelten Handwerker, Kaufleute und kleinere Hofbeamte. Jeder hatte seine Schweineställe und Misthaufen. Die Schweine liefen frei auf den „Linden" herum.

Mit dem Bau des Zeughauses nach Abriss der Festungsmauern Ende des 17. Jh. kam der Platz am Zeughaus hinzu. Später, Mitte des 18. Jh., mit dem Bau der Oper erhielt das folgende Straßenstück bis zum Beginn der Lindenanpflanzung den Namen Platz am Opernhaus und wurde später in Kaiser-Franz-Joseph-Platz umbenannt.

59

1734 wurde das Quarré (siehe Pariser Platz) angelegt und die Straße Unter den Linden bis an den Platz verlängert.

Erst 1937 wurde der gesamte Straßenzug von der Schlossbrücke bis zum Pariser Platz als „Unter den Linden" zusammengefasst. Die Plätze am Zeughaus und an der Oper wurden mit einbezogen. Es wurde auch eine neue Hausnummerierung eingeführt, mit Nr. 1 am Kommandantenhaus beginnend. Deshalb findet man noch heute oft bei Hausnummernangaben der Grundstücke zwei Haus-Nummern in der Literatur.

Unter König Friedrich I. wurde die „Linden" als Verbindung zur Lietzenburg (heute Charlottenburg) mit vielen repräsentativen Bauten errichtet, um dem jungen Königreich einen würdigen Mittelpunkt zu schaffen.

Dazu wurde 1820 die mittlere Flaniermeile von vier auf zwei Baumreihen reduziert. Zur Nachpflanzung dienten auch Kastanien und Platanen.

1851 wurde das Denkmal für König Friedrich II. aufgestellt.

1902 erfolgte die Verlegung von Schmuckpflaster, sodass die „Linden" zur beliebten Promenade wurde.

Die Schlossbrücke

1738 wurde die Holz-Brücke umgebaut und mit vier Klappen für die Schiffsdurchfahrt versehen.

1822-1824 folgte nach Schinkels Plänen der steinerne Brückenneubau mit kunstvoller Gestaltung. Die Brüstungen und Geländer enthalten Schinkel-Darstellungen von arabeskenartig verschlungenen Seepferden, Tritonen und Delfinen.

1847–1857 erhielt die Brücke Marmorfiguren nach der griechischen Mythologie von verschiedenen Bildhauern (u. a. von Jo-

hann Gottfried Schadow, Christian Daniel Rauch, Friedrich Drake, Ludwig Wichmann) geschaffen auf den Brückensockeln. Die Figuren zeigen den Weg eines Jünglings, geführt von Göttinnen, zum Helden.

Das Kommandantenhaus

Das 1643 erbaute Haus gehörte dem berühmten Stadt- und Festungsbaumeister Johann Gregor Memhardt (1607–78).

1873/74 erfolgte ein Umbau des Hauses für den Berliner Stadtkommandanten, der oberste Herr in Berlin, wenn die Preußenkönige abwesend waren – die preußischen Könige lebten vielfach in Potsdam.

Zur Zeit der Besetzung Berlins durch Napoleon war das Haus u. a. einige Tage Wohnstätte des Schriftstellers Henry Stendhal.

Im 2. WK brannte das Haus aus und wurde 1950 abgerissen. 2001–2003 erfolgte der Wiederaufbau als Repräsentanz von Bertelsmann.

Das erste Gebäude auf der gegenüberliegenden Seite ist das ehemalige **Zeughaus – heute Deutsches Historisches Museum.**

Den Bau hatte der Große Kurfürst bereits in seinem Testament 1667 angeregt.

Der französische Architekt Francois Blondel lieferte die ersten Entwürfe. Der Bau wurde 1685 durch Johann Arnold Nering begonnen und durch Martin Grünberg fortgesetzt. Ab 1696 übernahm Andreas Schlüter die Gesamtleitung und die bildhauerische Ausschmückung. 1706 erfolgte die Fertigstellung. Es ist der bedeutendste erhaltene Barockbau Berlins.

Künstlerisch besonders wertvoll ist der Schlüterhof inmitten des Komplexes mit 22 Masken sterbender Krieger.

Ab 1730 war das Zeughaus Preußens Waffenarsenal und später auch Ruhmeshalle für Kriegstrophäen.

Zu DDR-Zeiten diente das Zeughaus als Museum für Deutsche Geschichte. In ihm fanden auch regelmäßig Sommerkonzerte statt.

Das Deutsche Historische Museum wurde anlässlich der 750-Jahr-Feier im Deutschen Reichstag gegründet. Der Standort eines Gebäudes war im Spreebogen nahe dem Reichstag vorgesehen. Mit der Wiedervereinigung erfolgte eine neue Planung. 1990 wurde das Zeughaus für das Deutsche Historische Museum vorgesehen, das 1991 eröffnete.

Dem Deutschen Historischen Museum wurde 2009 vom Stararchitekten Ieoh Ming Pei (Architekt der Louvre Eingangs-Pyramide und des Kennedy-Flughafen New York) ein Glas-Neubau am Kastanienwäldchen angefügt.

Der chinesisch-amerikanische Architekt entwarf auch das Glasdach, das den Schlüterhof des Zeughauses mit den berühmten Masken heute schützt.

Der nächste Bau auf der gleichen Seite ist die **Neue Wache** – ein Meisterwerk Schinkels von 1818 nach der italienischen und griechischen Antike entworfen. Es ist ein schlichtes römisches Kastell mit einem griechischen Portikus. Der Bau erinnert an die Befreiungskriege gegen Napoleon.

Die Wache wurde ehemals als Arsenal erbaut, dann bis 1918 als Arrest für „Aufrührerische Elemente" genutzt (der Hauptmann von Köpenick ließ den Bürgermeister 1906 hier-herbringen).

1931 wurde die Neue Wache von Heinrich Tessenow zur „Gedenkstätte für die Gefallenen des 1. Weltkrieges" umgestaltet. In der Nazizeit war sie Stätte des „Heldengedenkens", in der DDR „Gedenkstätte für die Opfer des Faschismus und Militarismus". Heute dient sie als „Gedenkstätte für die Opfer der Gewaltherrschaft und Kriege".

Im Inneren befindet sich eine vergrößerte Skulptur der Pieta von Käthe Kollwitz: (1937 – trauernde Mutter).

Hinter der Neuen Wache erstreckt sich das **Kastanienwäldchen** – ein kleiner Platz mit Kastanien, an dem sich zwei Gebäude befinden: das Palais am Festungsgraben und die Singakademie.

Palais am Festungsgraben

Es wurde 1751 für den Kammerdiener Friedrich II. Johann Gottfried Dorner erbaut und war später Direktion für Steuern und Zoll sowie Dienstwohnung des Preußischen Finanzministers Freiherr von und zum Stein und ab 1808 Finanzministerium.

Im 2. WK schwer beschädigt, wurde es durch die sowjetischen Alliierten saniert und genutzt. Es war u. a. Haus der Kultur der Sowjetunion und Sitz der Organisation der Deutsch-Sowjetischen-Freundschaft.

Die tadschikische Teestube, die 1974 im sowjetischen Pavillon der Leipziger Messe ausgestellt war, wurde anschließend im Palais eingefügt und bis 2012 betrieben.

An der Seite des Universitätsgebäudes steht ein Denkmal, dass an **Heinrich Heine** erinnert. Er weilte 1922–24 in Berlin, studierte an der Berliner Universität und war oft in Berliner Salons zugegen.

Seitlich hinter dem Palais befindet sich die ehemalige **Singakademie – heute Maxim-Gorki-Theater.**

Ihr Gründer war 1791 Carl Friedrich Fasch, dessen Denkmal in der Grünanlage vor dem Gebäude steht.

Die Akademie wurde 1825–27 auf Anregung von Karl Friedrich Zelter für die Berliner Singakademie nach Entwürfen Schinkels gebaut. 1952 wurden die Bombenschäden beseitigt und der Bau zum Theater umgestaltet.

Auf der gegenüberliegenden Seite der „Linden" folgt neben dem Kommandantenhaus das **Kronprinzenpalais** – das 1732 aus dem Umbau eines alten Hofbeamten-Gebäudes von 1663 für das Kronprinzenpaar (später König Friedrich II.) entstand. Doch Friedrich zog es vor, fernab seines Vaters Zucht in Ruppin und Rheinsberg zu wohnen. Später diente das Gebäude oft den jeweiligen Kronprinzen als Stadtpalais.

Friedrich Wilhelm III. nutzte es sogar als König weiter als sein Stadtpalais bis zu seinem Tod. Hier verlebte er mit Königin Luise glückliche Jahre und hier gebar sie ihre fünf Söhne und fünf Töchter. Damals war das Palais noch zweistöckig und mit einem Walmdach abgeschlossen. 1857 wurde es durch Heinrich Strak umgebaut und mit einer dritten Etage erweitert.

Ein weiterer Bewohner war der sogenannte 99-Tage-Kaiser Friedrich III. Nach seinem Tode 1888 bewohnte seine Witwe Prinzessin Viktoria von Großbritannien das Palais weiter.

Ab 1918 war in ihm die Neue Abteilung der Nationalgalerie, die jedoch 1937 von den Nazis geschlossen wurde.

Im 2. WK wurde das Kronprinzenpalais völlig zerstört und 1968/69 durch Richard Paulick (nach dem Wiederaufbau der Staatsoper) wiederaufgebaut. Die DDR-Regierung nutzte es fortan als Gästehaus für Staatsgäste. Beispielsweise wohnte die indische Premierministerin Indira Gandhi bei ihrem Besuch darin.

Am 31. August 1990 wurde im Kronprinzenpalais der Einigungsvertrag zwischen der Bundesrepublik und der DDR unterzeichnet.

Jetzt wird es als Veranstaltungsort genutzt.

Angrenzend liegt das **Prinzessinnenpalais.** Es ist durch eine gedeckte Brücke mit dem Kronprinzenpalais verbunden.

1730/33 hatte Friedrich Wilhelm III. von Baumeister F. W. Dietrichs aus vier Häusern für den damaligen preußischen Finanzminister ein schmales Barockgebäude entstehen lassen.

Ab 1811 wohnten hier drei Töchter Friedrich Wilhelm III. und Königin Luise (Charlotte, Alexandrine und Luise) bis zu ihrer Verheiratung. Deshalb wurde es auch Prinzessinnenpalais genannt.

Nach der Zerstörung im 2. WK wurde es im Äußeren originalgetreu durch den Architekt Paulick 1963/64 wiederaufgebaut und zum Operncafé eingerichtet. Dafür wurde an der Längsfront eine Terrasse angefügt.

Die **Grünfläche** zur Staatsoper hin ist mit Skulpturen, vorwiegend von Christian Daniel Rauch gestaltet, u. a. die Denkmäler der Generäle Bülow und Scharnhorst, die ehemals vor der Neuen Wache standen.

Danach beginnt das sogenannte

Lindenforum

Der Architekt Friedrich II., Georg Wenzeslaus von Knobelsdorff hatte es 1736–40 im Auftrag des Königs gestaltet – genannt **Foro de Friderico.**

Zuvor wurden die alten Festungswälle abgerissen und die Festungsgräben zugeschüttet. Ein Ensemble aus Königlichem Palast (heute Humboldt-Uni), Akademie (später Bibliothek), Königlicher Oper und Hedwigskirche sollten entstehen. Mit dem Bau der Oper wurde 1742 begonnen. Sie steht teilweise auf dem zugeschütteten Festungsgraben.

Die **Deutsche Staatsoper** wurde auch Lindenoper genannt.

Knobelsdorff entwarf 1742 das erste Königliche Opernhaus außerhalb eines Schlosses.

Anfangs wurde hier keine Theatergeschichte geschrieben, da es Friedrich II. vorwiegend zu Hofbällen mit Italienischen Opern und als Festhaus nutzte. Aufführungen von deutschen Opern z. B. von Mozart, Gluck und Dittersdorf fanden im Nationaltheater auf dem Gendarmenmarkt statt.

Im August 1834 brannte das Haus bis auf die Grundmauern nieder. Der Architekt C. F. Langhans baute es mit vergrößertem Zuschauerraum und vier Rängen für insgesamt 1800 Zuschauer wieder auf. Ende 1844 erfolgte die Wiedereröffnung. Von da an wurden auch größere Opernaufführungen geboten.

Beim Luftangriff am 3. Februar 1945 wurden das Bühnenhaus und der Zuschauerraum zerstört. Den Wiederaufbau leitete der Architekt Hans Paulig 1951 bis 1953.

Zwischen 2009–2017 erfolgte eine umfangreiche Sanierung, bei der u. a. die Decke des Zuschauerraumes um 4 m angehoben wurde, um die Nachhallzeit zu vergrößern.

Humboldt-Universität

Auf der gegenüberliegenden Seite der „Linden" errichtete Knobelsdorff 1748–66 das neue Königsschloss für Friedrich II. Aber es wurde nur als Palais von Prinz Heinrich (ältester Bruder Friedrich II.)
in reduzierter Form realisiert. Friedrich II. hatte bereits das Interesse am Lindenforum verloren und agierte vorwiegend in Potsdam.

1809 befand sich hier der
Tagungsort der ersten Berliner Stadtverordnetenver-
sammlung. 1810 wurde es
der neu gegründeten Fried-
rich-Wilhelm-Universität
zur Verfügung gestellt.

Nach Beseitigung der
Kriegsschäden des 2. WK
wurde hier die Humboldt Universität 1946 neu gegründet.

Zwischen Oper und Kommode befindet sich der **Bebelplatz**,
1740 von Knobelsdorff als Opernplatz konzipiert.

Ehemals war dieser schön gestaltet, mit grünen Quartieren,
wie auf alten Fotos des Hof-Fotografen F. Albert Schwarz Ende
des 19. Jh. zu sehen ist. Heute stellt er eine kahle, aus meiner
Sicht grauenvolle Pflaster-Brache dar.

Unter dem Platz befindet sich das **Denkmal der Bücherver-
brennung** und eine Tiefgarage für die Oper.

Im Mai und Juni 1933 wurden durch die nationalsozialistische
Studentenschaft in ganz Deutschland Bücherverbrennungen im
Rahmen der „Aktion wider den undeutschen Geist" organisiert.
Tausende Bücher, Schriften und Zeitschriften wurden dem Feu-
er übergeben, dies passierte auch auf dem Opernplatz in Berlin.

1995 wurde in der Mitte unter dem Platz ein Raum mit Rega-
len für 20 000 Bücher geschaffen, der durch eine Glasplatte im
Pflaster eingesehen werden kann.

Der Entwurf für das Denkmal stammt vom israelischen Künstler Michael Ullmann. Eine Bronzeplatte daneben trägt ein Zitat von Heinrich Heine von 1820:

„Das war ein Vorspiel, nur, dort, wo man Bücher verbrennt, verbrennt man am Ende auch Menschen."

Schräg hinter der Staatsoper erhebt sich die **St. Hedwigs-Kathedrale.**

Diese Kathedrale war die erste römisch-katholische Kirche im protestantischen Berlin. Friedrich II. ließ sie bauen, um nach den gewonnenen Schlesienkriegen die katholisch geprägte Bevölkerung Schlesiens für sich einzunehmen. Er stellte den Baugrund und hatte auch die Idee zu dem massiven Kuppelbau nach dem Vorbild des Pantheons in Rom. Die Kirchengemeinde musste den Bau aber selbst finanzieren.

Ab 1747 realisierte Georg Wenzeslaus v. Knobelsdorff des Königs Idee. 1773 wurde die Kirche vollendet und der heiligen Hedwig, der schlesischen Schutzheiligen, geweiht.

1930 wurde Berlin Bistum und die Kirche in den Rang einer Kathedrale erhoben.

Domprobst Bernhard Lichtenberg wagte es, in der NS-Zeit öffentlich gegen die Misshandlungen in Konzentrationslagern aufzutreten und unterstützte jüdische Mitbürger. Er wurde 1941 verhaftet, verbrachte zwei Jahre im Tegeler Gefängnis und verstarb auf dem Transport in das KZ Dachau. 1965 wurde er seliggesprochen und seine Gebeine wurden in der Krypta beigesetzt.

Im März 1943, bei einem Luftangriff zerstört, erfolgte 1952–63 der Wiederaufbau.

Seitdem wird immer wieder über die Gestaltung der Ober- und Unterkirche im Inneren diskutiert. Seit 2018 erfolgt ein erneuter Umbau des Kircheninneren. Er soll 2024 abgeschlossen werden.

Gegenüber der Lindenoper am Bebelplatz befindet sich das Gebäude der ehemaligen **Königlichen Bibliothek**, *Kommode* genannt.

Friedrichs Gedanke an eine Akademie wurde nicht realisiert. Als letztes Gebäude des Lindenforums entstand 1774–80 die Bibliothek durch Georg Christian Unger und Georg Friedrich Boumann d. J.

Anekdote:
1735–37 wurde in Wien der Mittelbau der Hofburg unter Marie Theresia konzipiert. Aus Geldsorgen wurde dieser nicht fertig gestellt. Friedrich. II. übernahm die Bauidee mit der „Kommode" und triumphierte:
„Was in Wien ein Torso bleibt, wird in Berlin vollendet".

Gotthold Ephraim Lessing hatte sich vergeblich als Bibliothekar beworben. Der König zog einen unbekannten Franzosen vor und Lessing ging nach Wolfenbüttel.

Ende des 2. WK entstand im Innern eine völlige Neugestaltung. Heute ist die Kommode ein Institutsgebäude der Humboldt Universität.

Am rechten Giebel zur „Kommode" schließt der Seitengiebel des **Alten Palais** (ehem. Kaiser-Wilhelm-Palais) an.

1680 war hier ein Wohnhaus für die Obristen Schwedt und Tauentzien gebaut worden. 1829 baute Schinkel das Haus zur Dienstwohnung für Prinz Wilhelm um. Dieser lehnte aber Schinkels Entwurf ab.

1834–37 – inzwischen Kronprinz – veranlasste Wilhelm einen Neubau und beauftragte Carl Ferdinand Langhans damit.

Anekdote:
Eine tägliche Attraktion war, dass Wilhelm als Kronprinz und später als König täglich pünktlich 12 Uhr seinen Untertanen aus dem Eckfenster des 1. OG (siehe Bild) zuwinkte mit der Begründung: „weil es so im Baedeker steht".

Die reiche Ausstattung der Wohn- und Festräume ging im 2. WK verloren. Seit 1964 ist das Alte Palais mit dem benachbarten Gouverneurshaus zur Juristischen Fakultät der Humboldt Universität verbunden.

Das **Gouverneurshaus** wurde um 1720 erbaut. Ende des 18. Jahrhunderts diente es als Wohnhaus der Reichsgräfin von Lichtenau, Mätresse Friedrich Wilhelm II.(mit bürgerlichem Namen Friederike Enke). Ab 1808 arbeitete hier das Städtische Zivilgericht.

Es wurde im 2. WK. Zerstört und 1964 wiederaufgebaut.

An der Straßenfront des Gouverneurshauses befindet sich eine früher übliche Kutschenauffahrt, die mit einem Balkon auf vier dorischen Säulen überdeckt ist.

Nach dem Lindenforum teilt sich die Straße in zwei Fahrbahnen mit Mittel-Flaniermeile und zwei Baumreihen, die sich bis zum Pariser Platz durchzieht. Am Anfang der Promenade steht das

Denkmal Friedrichs II.

Es ist 13,5 m hoch und wurde von Daniel Christian Rauch 1849–51, mit einem Untersockel, den sechzig Zeitgenossen umstehen, geschaffen. Das Denkmal zeigt dreidimensionale Darstellungen

von Militärs, Politikern, Wissenschaftlern und Künstlern. Deutsche Geistesgrößen fanden nur unter dem Hinterteil des Pferdes Platz.

Darüber befinden sich Flachreliefs mit Begebenheiten aus dem Leben des Königs.

Weiter die „Linden" entlang, gelangt man auf der rechten Seite zur **Deutsche Staatsbibliothek.**

1903-14 schuf Ernst von Ihne (siehe Bodemuseum, Marstall) auf Veranlassung von Kaiser Wilhelm II. die neue preußische Staatsbibliothek. Das Gebäude überdeckt sechs Innenhöfe.

Die Staatsbibliothek geht auf die Privatbibliothek des Großen Kurfürsten von 1661 zurück. Letztere befand sich im Apothekerflügel des Berliner Schlosses (siehe da). 1688 verfügte sie über ca. 20 600 Bände. Bis 1784 war sie auf ca. 150 000 Bänden angewachsen und wurde in die Kommode verlegt.

1914 folgte der Umzug aus der Kommode in den Neubau Unter den Linden.

Die Kuppel über dem Hauptportal der Staatsbibliothek (32 m Spannweite) wurde im 2. WK durch einen Bombentreffer zerstört und nach dem Krieg nicht wiederaufgebaut. Erst mit den Rekonstruktionsmaßnahmen 2012–2021 erfolgte ein Neubau der Kuppel. Dort werden ein Buchmagazin für etwa 100 000 Bände und ein Festsaal untergebracht.

Mit dem Bau des Kulturforums auf Westberliner Seite entstand 1978 die Neue Staatsbibliothek an der Potsdamer Straße (siehe Kapitel 10).

Die Bestände der Staatsbibliothek (Alte und Neue zusammen) belaufen sich auf etwa 32 Millionen Bücher, Schriften und Zeitschriften.

Nach der Staatsbibliothek folgen drei **Geschäftshäuser**.

Nr. 10 und 12 sind sehr schön restaurierte Altbauten.

Nr. 14 ist neu gebaut und besteht aus zwei Grundstücken (Nr. 14 und Nr. 16).

Im Haus Nr. 14 befanden sich vor dem 2. WK Arnims Festsäle, in denen auch ein Kabarett, das **„Kleine Theater"**, beheimatet war. Es hatte vor allem um 1900 mit Max Reinhardt als Intendant einen klangvollen Namen. Reinhardt verhalf Stücken von Hofmannsthal, Schnitzler, Wedekind, Ibsen, Strindberg und Oscar Wilde zum Erfolg. Mit „Nachtasyl" von Maxim Gorki unter der Regie von Richard Vallentin 1903 gelang ihm der große Durchbruch.

Nr. 16 war das Hotel Victoria.

Beide Häuser (Nr. 14 und 16) wurden im 2. WK in Schutt und Asche gelegt. Zur DDR-Zeit wurde parallel zur Friedrichstraße das Hotel „Unter den Linden" gebaut, davor befand sich eine Grünanlage. Das Hotel wurde nach 1990 abgerissen.

Heute bilden Nr. 14 und 16 ein großes Geschäftshaus, das bis an die Quartierkante der Friedrichstraße reicht.

Die **Friedrichstraße** kreuzt hier die Straße „Unter den Linden".

An dieser Kreuzung entstand im 19. Jh. ein Zentrum großstädtischen Lebens. Hier mischten sich Mode und Milieus, Lebensstile und Gruppenzugehörigkeiten.

Neben noblen Hotels siedelten sich Restaurants und Unterhaltungsstätten an. Im Anschluss an die Wiener Weltausstellung 1873 blühten auch die „Wiener Cafés" auf.

Mit der Eröffnung des Bahnhofs Friedrichstraße 1882 entstand ein neuer Aufschwung zur „Weltstadt-Atmosphäre". Es entwickelte sich das Theaterviertel und die Friedrichstraße wurde zur Flaniermeile.

Die eingangs erwähnte Kreuzung wurde vor allem durch ihre **Café-Häuser** berühmt: Café König, Café Bauer, Café Kranzler, Spargnapani, Josty, Giovanoli, Stehely, Volpi und Stoppany waren klingende Namen des Berliner Konditoreiwesens.

Die Altberliner Cafés und Konditoreien galten als reine Herrenkabinette.

Man aß und trank oft nur, um zu lesen. Die Gäste stürzten sich auf die neuesten Zeitungen und Zeitschriften vor allem aus dem Ausland, die an der Pressezensur vorbei gingen. Die Lesecafés wurden zu politischen Debattierklubs.

Jedes Café hatte dabei sein Stammpublikum. Dem entsprechend unterschied sich auch die Presseauswahl jedes Etablissements.

Café Bauer

Nach der Wiener Weltausstellung erfolgte 1877 der Café- und Hotel-Neubau durch Cafetier Mathias Bauer und seine Frau Therese. Der Bau zeichnet sich durch mehrere Kränze von Balkonen, schmiedeeiserne Gitter und vergoldete Mittelstücke aus.

Die Balkone wurden bei besonderen Anlässen an Schaulustige vermietet.

Dieses Café und Hotel strahlte vor beispiellosem Luxus, mit riesigem Café-Saal im Parterre, mattgoldenen und blauen Decken-Ornamenten sowie großen Lüstern. Es war Tag und Nacht geöffnet.

Es galt als Café für das gutsituierte Bürgertum und ausländische Besucher – mit über 340 Zeitungen, Wochenschriften und Broschüren aus aller Welt. Befrackte Kellner servierten nach Wiener Sitte Wasser zum Kaffee.

Bisher wurden die Säle mit Gaslicht beleuchtet. 1884 gab es eine Sensation: die erste öffentliche elektrische Innenbeleuchtung. Siemens hatte im Keller eine Dampfmaschine mit Generator installiert, anfangs noch mit mancher Panne. Der Volksmund unkte in seiner Mundart:

„Jas bleibt Jas, da kannste nischt dran drehn!"

1924 wurde das Café an die „Deutsche Gaststätten AG" verkauft (heute Kempinski) und unter dem Namen „Café Unter den Linden" und „Hotel Lindeck" weitergeführt.

Im Februar 1945 wurde es Opfer der Bomben und später enttrümmert. In der DDR-Zeit entstand vor dem Hotel „Lindencorso" an dieser Stelle eine Freifläche mit Wasserspielen. Das Hotel und die Freifläche wurden nach 1990 durch Investoren abgerissen.

Café Kranzler

1825 eröffnete es an der gegenüberliegenden Ecke. Betreiber war der Österreicher Johann Georg Kranzler (erst Küchenchef bei Fürst Hardenberg und später königlicher Hofkonditor). Man durfte als einziges Café auf dem Bürgersteig Stühle und Tische aufstellen, die „Rampe" genannt. Vorwiegend Gardeleutnants besuchten das Café. Es wurde von „zarter Hand" bedient und Berlins „Feinste Schokolade" serviert.

1911 wurde es verkauft an die „Hotelbetriebe AG", bis zur Zerstörung 1944 wurde das Café weitergeführt.

Nach dem 2. WK erfolgte eine Neugründung am Kurfürstendamm/Ecke Joachimsthaler Straße (siehe Kapitel 8. City West).

Zwei Grundstücke weiter in Richtung Brandenburger Tor befanden sich die ehemalige **Lindenpassage/Kaisergalerie**.

Im 18. Jh. waren hier der Gasthof „Zur goldenen Sonne" und der „Russische Hof". In Letzterem übernachtete 1804 Friedrich Schiller.

Im 1. OG befand sich das **„Café National"**.

1869–73 wurde eine neue Passage gebaut, sie diente als Verbindung von den Linden zur Behrenstraße/Ecke Friedrichstraße. Die Architekten Walter Kyllmann und Adolf Hyden schufen nach Mailänder Vorbild ein neues Gründerzeitzentrum in Berlin. Drei Tage nach dem Geburtstag von Kaiser Wilhelm I. wurde es eröffnet und „Kaisergalerie" getauft. Zahlreiche Geschäfte, Lokalitäten und Unterhaltungsstätten befanden sich im Durchgang.

Zum Beispiel ist hier das **„Café Keck"** zu nennen, wo Kaffee im Glas serviert wurde – ein Lokal für Pärchen, die bei wiegender Geigenmusik des Kapellmeisters „Meschugge" allein sein wollten.

Weiterhin gab es „Castans Panopticum" mit Wachsfigurenkabinett (ab 1888 „Passage-Panopticum" genannt) mit Abnormitäten-Saal und ab 1899 mit dem „Anatomischen Museum".

Ab 1885 fand sich dort das „Kaiserpanorama" des Physikers August Fuhrmann, ein dreidimensionaler Guckkasten mit stereoskopischen Photographien (u. a. dem „Astloch im Damenbad") – heute im Märkischen Museum weiter existent.

1901 eröffnete das „Passagen-Theater" mit dem Kabarett „Schall und Rauch" mit einer Mischung aus Varieté, Kabarett und akrobatischen Vorführungen. Nachts trällerte Claire Waldorff (siehe Friedrichstadtpalast) ihre frechen Lieder und der junge Max Reinhardt gab auf der Kleinkunstbühne erste Proben seines Talents. Das Programm begann erst nach Schluss der Berliner Theater und Opern und dem folgenden Souper.

1930–1937 wurde es als „Passagen-Kino" weiterhin genutzt.

Die Passage wurde 1943 beim ersten Luftangriff auf Berlin zerstört und brannte 1945 vollständig aus. 1957 trug man die Reste ab.

Das Eckhaus zur Friedrichstraße auf der nördlichen Seite der „Linden", ist das **Haus der Schweiz** mit einer schönen Eckfigur: Ein bronzener Tellknabe mit Armbrust und durchschossenem Apfel in der rechten Hand.

Der Vorgängerbau war eines der 33 „Immedialhäuser", die man 1770–73 auf Anordnung von Friedrich II. auf Staatskosten gebaut hatte. Diese Häuser wurden Anfang des 19. Jh. durch Neubauten ersetzt.

Zunächst etablierte sich im Eckhaus Nr. 24 die elegante Pension „Daheim" mit einem ebenso eleganten Herrenausstatter, einem Tabakwarenhändler und dem Photographen Julius Staudt.

1935 erwarben Schweizer Banken das Grundstück und ließen nach Plänen des Appenzeller Architekt E. Meier das heute noch existierende „Haus der Schweiz" erbauen.

Den 2. WK hat es relativ unbeschadet überstanden. Es wurde zum Ausstellungshaus für

„Berlin im Aufbau" mit Hans Scharouns städtebaulichen Plänen für den Wiederaufbau. Später nutzten die Außenhandelsbank der DDR und die Berliner Sparkasse das Gebäude.

1992 erfolgte die Rückübertragung an die Schweizer Besitzer und die Sanierung für die Repräsentanzen der Züricher Bankhäuser.

Im Haus Nr. 28, wo sich gegenwärtig NIVEA niedergelassen hat, befanden sich im 19./20. Jahrhundert die **Konditorei „Spargnapani"** und das **Weinhaus Dressel.**

Spargnapani war berühmt für Schokolade, Kaffee und Kuchen. Es war um 1848 die Hochburg des „Altpreußentums", der Literaten, Gelehrten, Beamten und Journalisten, meist Gegner der neuen Zeit. Doch mit dem Stammpublikum alterte auch das Café und musste 1870 schließen.

1876 mietete Rudolf Dressel das Café und verwandelte es in eines der elegantesten Weinrestaurants, es galt als Inbegriff der Feinheit und des Genusses. Stadtbekannte Größen des Theaters, der Literatur, der Parlamente, der Aristokratie und der Börse konnte man hier treffen. Hier speiste auch Enrico Caruso.

Kurz nach Dressels Tod wurde das Haus abgerissen. 1910 entstand ein Neubau für die „Preußische Central-Boden-Kredit-AG", in dem 1912 die „Daimler-Motorengesellschaft" mit Autosalon im Hof einzog. 1926 wurde das Haus weiterverkauft und diente seitdem als Bankenstandort.

Bis 1990 war es Sitz der DDR-Außenhandelsbank – zusammen mit dem Haus der Schweiz – dann Industrie- und Handelsbank.

2005 übernahm die Investorengruppen Meermann und Charmartin den Komplex Nr. 26–30 und gestaltete ihn bis 2007 neu mit öffentlicher Passage über die Höfe bis zur Mittelstraße. Der historische Charakter der Bauten blieb erhalten.

Anschließend ist Nr. 36/38, der ehemalige **„Zollernhof"**, zu beschreiben.

Das neoklassizistische Gebäude von 1911 wurde vom Architekt Kurt Berndt mit dem Restaurant Zollernhof (1000 Sitzplätze) gebaut. Es wird angenommen, dass der Name dem Herrschergeschlecht Hohenzollern gewidmet war.

1993 erwarb das **ZDF** das Gebäude und baute es für sein Hauptstadt-Studio um.

Weitere Mieter sind das österreichische Fernsehen ORF sowie die japanischen Medienunternehmen Mainichi Broadcasting System und Tokyo Broadcasting System (TBS).

Vergangen ist mit dem 2. WK nicht nur manches sehenswerte Gebäude, sondern auch das besondere Flair dieses Berliner Zentrums. In der Gegenwart entstanden links und rechts der Straße „Unter den Linden" gewaltige Geschäftshäuser. Haus Nr. 50 ist ein Bürohaus für die Arbeitsstätten von Bundestagsmitgliedern.

Gerade einmal das kleine „Café Einstein" und etwas weiter Bäcker Wiedemann und Starbucks erinnern noch schwach an die vergangene große Zeit der Berliner Cafés.

Das große Geld und die Politik bestimmen heute die Szene.

In der nächsten Querstraße, der Schadowstraße, befindet sich das **Schadow-Haus.**

Es war das Wohngebäude des berühmten Bildhauers Johann Gottfried Schadow (1764–1850) – (Quadriga, Prinzessin-

nengruppe in der Nationalgalerie u. a.) – und ist im Original erhalten geblieben. Das Haus wurde 1805 gebaut.

Das Relieffeld in der Mitte mit Schadows Porträt stammt von Hermann Schievelbein und wurde 1851 beim Erweitern des Hauses mit einer 3. Etage durch Schadows Sohn eingefügt.

Heute hat Wolfgang Thierse (erster Bundestagspräsident nach 1990) sein Mandatsbüro hier eingerichtet.

Im Haus Nr. 78 – an der Ecke der Wilhelmstraße – befindet sich eine Informationsstelle des Europäischen Parlaments.

Auf der gegenüberliegenden südlichen Straßenseite der „Linden" erstreckt sich der Bau der russischen Botschaft und des Konsulats.

Botschaft der Russischen Föderation

Die heutige Botschaft überbaut sieben ehemalige Grundstücke der „Linden". Um 1830 kamen sie in russischen Besitz und wurden 1840 durch Eduard Knoblauch (siehe auch Neue Synagoge) zur russischen Botschaft umgebaut.

Nach der Zerstörung im 2. WK wurde 1950–53 an der gleichen Stelle die sowjetische Botschaft errichtet. Der Stil repräsentiert das Konzept des „sozialistischen Realismus" und weist auf die stalinistische Epoche hin. Der Mitteltrakt ist zurückgesetzt und bildet so einen Ehrenhof.

In der Wilhelmstraße 3 befindet sich die **Botschaft des Vereinigten Königsreichs** – die Britische Botschaft. An dieser Stelle lag sie bereits seit dem 19. Jahrhundert, die Gebäude wurden Opfer des 2. WK.

1991 wurde beschlossen, wieder in Berlin eine neue Botschaft zu bauen, die am 18. Juli 2000 Königin Elisabeth II. eröffnete.

Pariser Platz

1734 wurde nach Königlicher Order Friedrich Wilhelm I. die Stadtgrenze nach West verlegt und Teile des Tiergartens wurden abgeholzt. Damit entstand eine Verlängerung der „Linden" bis zum neu angelegten Platz Quarré.

Friedrich Wilhelm I. ließ Plätze zur Verschönerung Berlins in unterschiedlichen geometrischen Formen anlegen:

» Quarré (Quadrat) – heute Pariser Platz
» Rondell (Kreis) – heute Mehringplatz
» Oktogon (Achteck) – heute Leipziger Platz

Auf dem Quarré wurden durch den König die Paraden abgenommen.

Die neuen Bauplätze erhielten Militärs und Hofbeamte, die ihre Palais nach einheitlichen Vorgaben errichten mussten.

Wer nicht bauen wollte, erhielt vom König so lange Militär-Einquartierungen, bis er sich fügte. Ehemals war das Quarré mit zweistöckigen Palais an Nord- und Südseite bebaut.

Die Namensgebung Pariser Platz erfolgte 1814 in Erinnerung an den Sieg über Napoleon.

Anmerkung:

Sie werden sich sicherlich wundern, dass auf meinen Bildern vom Brandenburger Tor, dem Pariser Platz, dem Bebelplatz und der Straße Unter den Linden so wenig Menschen zu sehen sind. Ich haben viele Fotos 2021 zur Zeit der Corona-Pandemie geschossen, da waren kaum Menschen unterwegs.

Brandenburger Tor

Das Brandenburger Tor ist eines der 18 Tore der ehemaligen Akzisemauer, damals bestehend aus einem Wachgebäude, einem Haus für die Steuerbeamten und Torschreiber sowie einem Spritzenhaus.

Der Durchlass wurde abends mit einem Holzgitter verschlossen.

Akzisemauer:
Sie wurde 1734–36 auf Befehl von König Friedrich Wilhelm I. zum Verzollen eingeführter Waren und gegen das Desertieren von Soldaten erbaut. Die Mauer hatte zur Zeit von Friedrich II. 18 Stadttore und zwei Wassertore (Unter- und Oberbaum-Tor) auf der Spree. 1867 wurden die Akzisemauer und die meisten Tore wieder abgetragen.

Architekt des heutigen Brandenburger Tores war Carl Gotthard Langhans (1732–1806). Auftraggeber war Friedrich II.

Es sollte ein „würdiger Abschluss der Linden" werden. Der Erlass des Königs spricht vom einem „Friedenstor".

Das Tor ist aus Sandstein errichtet, Länge: 65,50 m, Breite: 11 m, Höhe 26 m (davon die Quadriga: 5,50 m).

Der Originalanstrich war weiß. Die mittlere breitere Durchfahrt misst 5,65 m.

Sie war nur der königlichen Familie vorbehalten. Die seitlichen Durchfahrten sind je 3,79 m breit.

Für das Tor gab es keine Eröffnungsfeier, da der König für lange Zeit keinen Berlinbesuch plante. Am 6. Aug.1791 nahm die Torwache ihr neues Domizil in Besitz und fertigte ein Protokoll dazu an.

Die Quadriga

hat Johann Gottfried Schadow als Triumph des Friedens entworfen. Sie wurde vom Kupferschmied Friedrich Jury getrieben. Für die Friedensgöttin lieferte Schadow nur eine Skizze – Jury nahm seine Base Ulrike als Modell. Die 1793 fertiggestellt Göttin nach griechischen Vorbildern mit Speer war ziemlich unbekleidet. Das stieß auf viel Unmut und kurz darauf mussten Schadow und Jury ihr ein „fliehendes Gewand" umlegen.

Am 27. Okt. 1806 zogen nach der Schlacht bei Jena/Auerstedt die siegreichen Franzosen unter Napoleon durch das Tor ein. Die Quadriga wurde abgenommen und per Schiff in 12 Kisten nach Paris geschickt. Sie sollte einen Triumphbogen zieren (Karikaturen zeigten damals Napoleon als Pferdedieb). Die Rückkehr erfolgte 1814 nach Napo-

leons Sturz zu Lande über Brüssel, Düsseldorf und Hannover und wurde ein Triumphzug.

Gegen den Willen Schadows musste Schinkel auf Befehl des Königs Friedrich Wilhelm III. die Friedensgöttin zur Siegesgöttin umgestalten. Sie erhielt statt Speer eine Standarte mit Eisernem Kreuz im Siegeskranz und mit Preußenadler darüber.

Militär und Revolutionäre zogen immer zur Machtdemonstration durch dieses Tor:

Nach Napoleon (1806) waren es die Revolutionäre der Märzrevolution 1848 oder die Triumphatoren Preußens nach den Kriegen 1864 gegen Dänemark, 1866 gegen Österreich oder 1871 gegen Frankreich.

1914 zogen die Soldaten singend in den 1. WK und kehrten, wenn überhaupt, müde und geschlagen zurück.

Am 30. Januar 1933 feierten hier Hitlers Sturmabteilungen (SA) die Machtergreifung.

12 Jahre später lag Berlin in Schutt und Asche.

Am 13. August 1961 wurde das Tor geschlossen. Der Pariser Platz war Sperrgebiet der DDR. Von Westberliner Seite schaute man auf einer Traverse über die Mauer hinter dem Tor nach Osten.

Am 9. November 1989 mit Maueröffnung wurde das Tor zum Symbol der Deutschen Einheit erhoben.

Haus Sommer (links vom Tor), gebaut 1844–48 vom Schinkel-Schüler August Stüler.

1847 wurde es an Zimmermeister und Stadtrat Carl August Sommer verkauft und 1945 im 2. WK völlig zerstört.

Der Neubau 1988 von Architekt Josef Paul Kleihues vermittelt die Leichtigkeit des Stüler-Gebäudes nicht.

Haus Sommer und
links daneben die Botschaft
der USA

USA-Botschaft

An der Stelle der heutigen amerikanischen Botschaft stand ehemals das Palais von Fürst Blücher. 1930 schloss die USA einen Vorvertrag zum Kauf dieses Gebäudes ab.

Noch vor dem endgültigen Kaufabschluss zerstörte am 15. April 1931 ein Feuer das Palais – der Vertrag kam kurze Zeit später dennoch zustande. Vom 1. April 1939 an nutzte man das instandgesetzte Palais als Botschaft. Es wurde aber von keinem Botschafter betreten.

Nach Kriegsende befand sich das im Krieg zum Teil zerstörte Gebäude im Sperrgebiet der Sektorengrenze. Es wurde im April 1957 auf Anordnung des Ministerrats der DDR abgerissen.

Am 6. Oktober 2004 erfolgte der erste Spatenstich für eine neue Botschaft, die 2008 eingeweiht wurde.

Anschließend **das DZ-Bankgebäude**

Hier stand ehemals das Rhodische Palais des Kriegsministers unter Friedrich Wilhelm II.

Architekt des heutigen Bankgebäudes war Frank O. Gehry (Kalifornien – Guggenheim-Museum Bilbao).

Das Gebäude trägt zur Vornehmheit des Platzes bei. In den etwas geneigten Glasflächen spiegeln sich die gesamten Häuserfronten der gegenüberliegenden Seite.

Um einen überdachten Innenhof sind Büros gruppiert. Der Innenhof ist eine Glas-Metallkonstruktion, zum Konferenzsaal ausgebildet und „Beratungsdüse" genannt.

Akademie der Künste

Das Arnimsche Palais wurde 1907 von Ernst von Ihnen für die Akademie, die vorher in der Preußischen Staatsbibliothek eingeordnet war, umgebaut. 1945 wurde das Gebäude völlig zerstört. Nach der Zusammenlegung der Akademien Ost und West erfolgte 1990 eine Neugründung der Akademie und ein Neubau am alten Standort.

Daran im rechten Winkel angrenzend liegt das **Hotel „Adlon".**

Für den Bau dieses Hotels wurde das Palais Redern (ein Schinkelbau von 1833) abgerissen.

Der Architekt des „Adlon" war Robert Leibnitz, Hotel-Urvater war Lorenz Adlon, Bau-Schirmherr war Kaiser Wilhelm II. Er sprach auch gern von „seinem Hotel".

Das am 24. Okt. 1907 eröffnete Hotel etablierte sich zur Herberge für Monarchen, Präsidenten, Milliardäre und Filmschauspieler*innen (z. B. Zar Nikolaus II., Roosevelt, Rockefeller, Albert Einstein, Thomas Mann oder Marlene Dietrich).

Den 2. WK hatte es unbeschadet überstanden, aber am 3. Mai 1945 brach Feuer durch Unvorsichtigkeit sowjetischer Soldaten aus. Nur ein Flügel blieb erhalten und die Gäste mussten den Dienstboten-Eingang nutzen.

Am 22. Oktober trafen Helene Weigelt und Bertolt Brecht in Berlin ein und wohnten ein halbes Jahr im Hotel „Adlon". 1984 wurde der letzte Gebäudeteil abgerissen.

Das neue „Adlon" eröffnete 1997. Die neue Gästeliste führen Silvia und Karl Gustav von Schweden, Steven Spielberg, Boris Becker, Michael Gorbatschow oder Barack Obama an.

Rechts vom Brandenburger Tor befindet sich das **Haus Liebermann**, ebenfalls nach Plänen von August Stüler (1844) gebaut. Es gehörte der Familie Liebermann und wurde vom impressionistischen Maler und Präsidenten der preußischen Akademie der Künste Max Liebermann von 1894 bis zu seinem Tod 1935 bewohnt.

Von seinem Hauses musste Max Liebermann am 30. Januar 1933 nach der Machtergreifung der Niazis (Ernennung Hitlers zum Reichskanzler) den Aufmarsch der SA auf dem Pariser Platz mit ansehen. Dabei äußerte er:

„Man kann gar nicht so ville fressen, wie man kotzen möchte"

Das Haus wurde im 2. WK zerstört. Nach der Wende kaufte es die Quantgruppe und ließ es vom Architekt Joseph Paul Kleihues (siehe Haus Sommer) 1998–2000 neu bauen.

Heute ist in ihm die Stiftung Brandenburger Tor beheimatet, die auch Ausstellungen durchführt.

Das Eckhaus **Palais am Pariser Platz** zieht sich mit turmartigem Aufbau bis zum Friedrich-Ebert-Platz durch. Im ehemaligen Palais wohnte u. a. der Komponist Giacomo Meyerbeer.

Der Neubau mit Sandsteinfassade ist ein Wohn- und Geschäftshaus mit Gaststätte.

Anschließend zeigt sich mit grünem Dachaufbau das Eugen-Gutmann-Haus der **Dresdner Bank** – heute das **Allianz Forum**.

Die ehemalige Geschäftszentrale der Bank lag bis 1945 am heutigen Bebelplatz (heute Sitz des Rocco Forte Hotel de Rome).

Die 1957 in Westdeutschland wieder gegründete Dresdner Bank AG bemühte sich vergeblich um einen Rückerwerb der ehemaligen Geschäftszentrale. Die Bank eröffnete 1997 im Eugen-Gutmann-Haus am Pariser Platz eine neue Hauptstadtresidenz. Architekt war das Büro Gerkan, Marg & Partner (Hauptbahnhof, Umbau Olympiastadion). Es hat eine Sandsteinfassade mit eingelagerten Bronzeleisten. Im Innern befindet sich eine Rundhalle mit gläserner Flachkuppel von 29 m Durchmesser.

2001 wurde die Dresdner Bank von der Allianz AG übernommen, sodass heute das Gebäude von dieser Firma vermietet wird.

Rechts daneben liegt die **Botschaft Frankreichs.**

1735 als das Palais des geheimen Handelsrates Carl an der Stelle erbaut. 1835 erwarb Frankreich das Gebäude und richtete seine Botschaft ein, die Napoleon III. einweihte.

Am 2. Mai 1945 wurde das Haus ausgebombt.

Das heutige Botschaftsgebäude wurde von 2001–2002 nach Plänen des Pariser Architekten

Christian de Portzamparc und des Berliner Architekten Steffen Lehmann errichtet.

Es zieht sich durch bis zur Wilhelmstraße, wo sich der Eingang des Konsulats befindet.

Wenden wir uns im Folgenden der Friedrichstraße zu.

Friedrichstraße

Sie ist ab 1674 als „Querstraße" zu den „Linden" entstanden. Anfangs reichte sie nur von der Weidendammer Brücke bis zur Behrenstraße. Sie wurde damals mit zwei- und dreigeschossigen Häusern bebaut.

Ende des 17. Jh. berief Kurfürst Friedrich III. eine Kommission zum Ausbau eines neuen Stadtteils von den „Linden" nach Süden ein. Die Querstraße als Mittelpunkt sollte dabei weiter verlängert werden.

Anekdote:
Bei der Suche nach einem neuen Straßennamen soll Friedrich ausgerufen haben: „Was heißt hier Querstraße? Ein anständiger Name muss es sein – der meinige."

So erhielt die Straße 1700 ihren heutigen Namen und wurde bis zur Leipziger Straße verlängert.

Dreißig Jahre danach wurde sie nochmals bis zum Rondell (heute Mehringplatz) ausgedehnt – seitdem misst sie über 3,5 km und war die längste und verkehrsreichste Straße des alten Berlins.

Sie wurde eine Einkaufsstraße, durchschnitt das Theaterviertel, beherbergte Restaurants, Cabarets und Tanzpaläste, Hotels und große Kaufhäuser. Heute ist sie außerdem ein Zentrum der Finanz- und Unternehmerwelt.

Ein Versuch, sie teilweise als Fußgängerstraße zu deklarieren, konnte sich bisher nicht durchsetzen.

Im Norden beginnt sie am ehemaligen **Oranienburger Tor.**

Vor dem Oranienburger Tor der Akzisemauer des 18. Jh. lag bis Anfang des 19. Jh. Weideland – später Entwicklungsgebiet:
    Es wurde auch „Feuerland" genannt, entsprechend der ansässigen Gießereien und Maschinenfabriken (Borsig, Wöhlert, Schwarzkopf u. a.).

Heute ist das „Oranienburger Tor" eine Straßenkreuzung, an der sich Friedrichstraße, Chausseestraße, Torstraße und Hessische Straße begegnen.

An der Ecke der Hessischen Str. befindet sich das **Bundesministerium für Bildung und Forschung** (Zweiter Dienstsitz).
    Das ursprünglich als Kaserne der berittenen Gardeartillerie von Friedrich II. erbaute Gebäude war in der Weimarer Republik die Polizeischule Mitte. Es brannte im 2. WK aus und wurde

1947/48 von Hans Scharoun saniert.
    Anfang der 1970er-Jahre wurde es als „Ständige Vertretung der BRD" erweitert.
    1998 fand ein Umbau des Altbaus statt und ein Neubau in Riegelformat wurde an der Ecke Friedrichstraße/Hessische Straße hinzugefügt.

Kurz nach dem „Oranienburger Tor" zweigt die Oranienburger Straße ab. Dort finden wir auf der rechten Seite das

Tacheles

1907–09 als „Friedrichspassagen" gebaut, war es damals eines der größten Kaufhäuser Europas. Es wurde aber wirtschaftlich ein Fehlschlag. Nach sechs Monaten musste es Konkurs anmelden. Wertheim mietete es an und betrieb bis zum 1. WK erneut ein Kaufhaus, dann wurde es zwangsversteigert.

1928 gestaltete es die AEG zum „Haus der Technik" um und richtete es als Ausstellungsgebäude ein, um Produkte vorzustellen und Kunden zu beraten. Ende 1930 fand hier die weltweit erste Fernsehübertragung statt.

Nach 1933 belegten die NSDAP und SS die Räume.

Bomben haben im 2. WK große Schäden am Bau hinterlassen.

Nach 1945 wurde das Programmkino „Camera" und eine Artistenschule eingerichtet. Ab 1948 erfolgte die Teilnutzung durch den FDGB (DDR-Einheitsgewerkschaft). Die Kellerräume wurden durch die Nationale Volksarmee als Tresor genutzt. Das Kino existierte weiterhin, es zogen eine Hundeschuranstalt und kleine Werkstätten ein.

Zunehmende Verwitterung zog einen Teilabriss 1980 nach sich. Geplant war eine weitere Verbindungsstraße zwischen Friedrichstraße und Oranienburger Straße, die aber nie entstand.

Anfang der 1990er-Jahre wurde das Gebäude zur Sprengung freigegeben. Die Künstlerinitiative „Tacheles" konnte durch ihren Einzug den Abriss verhindern. Eine Ruine mit großem Straßenbogen blieb übrig. Die Tätigkeit der Gruppe „Tacheles" erwirkte auch 1998 einen  vorläufigen Aufschub des weiteren Abrisses und zahlte an den neuen Besitzer der Fundus-Gruppe eine symbolische Miete von einer DM. Der Mietvertrag endete August 2008. Der Fundus-

Gruppe wollte auf der Brache hinter dem Tacheles ein gleichnamiges Stadtviertel bauen, doch es geschah nichts.

Die Gläubiger der HSN Nordbank übernahmen 2008 das Gelände und betreiben dessen Räumung. Ein neues Stadtquartier sollte gebaut werden. Den Architekturauftrag erhielt das Schweizer Büro Herzog & de Meuron, die bereits die Elbphilharmonie in Hamburg und die Münchner Allianz-Arena gebaut haben, sowie Brandhuber + Muck Petzer und Grüntuch Ernst Architekten.

Die Künstlerinitiative hatte sich bis 2012 gegen den Auszug gewehrt und musste erst zwangsgeräumt werden. Erst 2016 begannen die Bauarbeiten. Die neuen Gebäude mit dem Eingang von der Friedrichstraße sind fertig gestellt. Hinter dem Altbau an der Oranienburger Straße wurde in sechsjähriger Bauzeit ein völlig neues Stadtquartier errichtet. Am 31. August 2023 wurde der Mittelpunkt des Stadtquartiers, der Aaron-Bernstein-Platz, der Öffentlichkeit zugängig gemacht.

Das Theaterviertel

Nirgends in der Stadt finden sich so viele Häuser der leichten Muse und des dramatischen Theaters wie rund um den Bahnhof Friedrichstraße.

Deutsches Theater/Kammerspiele

Kammerspiele (links) und Deutsches Theater (rechts)

Das Theater in der Schumannstraße wurde 1850 von Eduard Tietz als Friedrich-Wilhelm-Städtisches-Theater (700 Plätze) erbaut. Am 29. September 1883 übernahmen es vermögende Schauspieler und benannten es zum Deutschen Theater um.

Unter den Intendanten Otto Brahm und später Max Reinhardt wurde es zur führenden dramatischen Bühne. Aufführungen zwischen 1905 bis 1932 von Gerhardt Hauptmann, Hendrik Ibsen und August Strindberg durch Max Reinhardt führten zum Weltruf.

1906 erfolgte die Erweiterung des Theaters mit den Kammerspielen (300 Plätze).

Mit Berthold Brechts „Mutter Courage" 1949 begann eine weitere Profilierung unter den Intendanten Wolfgang Langhoff und Wolfgang Heinz.

Vor den Gebäuden stehen die Büsten berühmter Regisseure.

Der Friedrichstadtpalast

Der Altbau, Am Zirkus 1, entstand 1873 durch den Umbau der ersten Berliner Markthalle.

1918 erfolgte ein weiterer Umbau durch den Architekt Hans Poelzig. Unter Max Reinhardt wurde der Bau zum „Großen Schauspielhaus".

Infolge der Grundwasserabsenkung der 1970er-Jahre wurden die tragenden Eichenholzpfähle im Boden morsch (siehe unter 2.1 Marienkirche), was zum Abriss führte.

Auf dem Geländer der ehemaligen preußischen Kaserne an der Friedrichstraße 107 entstand 1981–84 der Neubau des Friedrichstadtpalasts. Er enthält 1900 Besucherplätze.

Die technische Ausstattung ist von höchstem Niveau mit Hauptbühne und Vorbühne von 12 m Durchmesser sowie einem Hubpodium, das als Tanzfläche, Zirkusarena, Eisfläche oder Wasserbecken nutzbar ist.

Außerdem entstand die „Kleine Revue", ein Tanzkabarett mit 240 Plätzen. Davor befindet sich der Bronzekopf der Volkssängerin **Claire Waldorff**, die in den 1920er-Jahren Gassenhauer, Schlager und Chansons im Berliner Jargon interpretierte.

Theater am Schiffbauerdamm – Berliner Ensemble

Bis ins 18. Jh. wurden hier am Spree-Ufer noch Spreekähne auf Kiel gelegt.

Aus einem früheren Hinterhoftheater schuf 1891/92 der Architekt H. Seeling das „Neue Theater". Die Eröffnung erfolgte mit Gerhard Hauptmanns „Die Weber".

Ab 1904 war Max Reinhardt Direktor. Es kam zum Einbau des Orchesterraumes und der Drehbühne.

1928 erfolgte hier die Uraufführung der „Dreigroschenoper" (Brecht/Weill).

1949 übernahmen Helene Weigel und Berthold Brecht das Theater mit dem neu gegründeten „Berliner Ensemble" und führten es zu Weltruhm.

Auf dem Platz vor dem Theater befindet sich eine Brecht-Plastik, eine Bronze von Fritz Cremer auf einem Kreis, der eine Drehbühne symbolisiert. Sie ist umgeben mit dem Gedicht „Fragen eines lesenden Arbeiters".

Um die „Drehbühne" stehen schwarze Steinsäulen mit Aussprüchen Berthold Brechts.

Die Friedrichstraße führt weiter über die

Weidendammer Brücke

1685 entstand eine hölzerne Zugbrücke mit von Weiden gesäumtem Fußgänger-Damm.

Ihr folgte 1826 eine gusseiserne Bogenbrücke mit eingebautem hölzernem Klappendurchlass.

1895–97 entstand die noch heute vorhandene Stahlkonstruktion mit einer größeren Durchfahrtshöhe für Schiffe.

Das reich geschmückte schmiedeeiserne Brückengeländer ist in der Mitte mit dem Reichsadler und der Aachener Reichskrone darüber gestaltet.

Der Bahnhof Friedrichstraße

wurde 1882 mit dem Stadtbahnverkehr eröffnet (siehe Anlage 4).

1919–25 baute man zwei neue Bahnhofshallen. Ab 1928 erfolgte die Einrichtung des elektrischen Betriebs und im Januar 1923 wurde der U-Bahnhof fertiggestellt.

1936 eröffnete die unterirdische Nord-Süd-S-Bahn; Trotz Kriegsschäden nahmen im Oktober 1945 die S-Bahn Ost-West-Linien (Stadtbahn) wieder ihren Betrieb auf – im Juni 1946 folgten die Nord-Süd-Linien.

1949 wurde der Bahn-Grenzübergang mit vier getrennten S-Bahnsteigen eingeführt. Ab 13. August 1961 war die Durchfahrt zwischen Ost und West völlig unterbrochen.

Erst ab 02.07.1990 war der durchgehende S-Bahn-Betrieb wieder möglich.

Direkt am Bahnhof Friedrichstadt am Spreeufer befindet sich der

Tränenpalast

Mit dem Mauerbau 1961 fuhren die Züge in den zwei Bahnhofshallen getrennt nach Ost und West. Ein direkter Wechsel der Fahrgäste war nicht mehr möglich. Ab 1962 bis zum 9. November 1989 fungierte ein Abfertigungsgebäude neben dem Bahnhof für Aus- und Einreisende als Grenzübergang und Zollstelle.

Der Tränenpalast, wie der Volksmund das Gebäude heute nennt, fungierte ab 1999 als Kulturstätte mit unterschiedlichen Kulturangeboten.

Ab 2008 erfolgte ein aufwändiger Umbau des denkmalgeschützten Gebäudes. 2011 wurde es als Ausstellungsbau der Bonner Stiftung „Haus der Geschichte der Bundesrepublik" mit der ständigen Ausstellung „Alltag der deutschen Teilung" wiedereröffnet.

Noch vor dem Bahnhof, auf der anderen Straßenseite befindet sich der

Admiralspalast

Er ist 1910 als luxuriöses Hallenbad und einzigartige Eislaufhalle mit Café und „Lichtbildtheater" errichtet worden.

1922 erfolgte ein Umbau der Eishalle im Hinterhaus zu einem Theater mit 1065 Plätzen.

1939 wurde auch das Vorderhaus umgebaut und ein Kabarett installiert – heute Heimstatt des Kabaretts „Die Distel".

Die äußere Fassade von 1910 ist noch heute erhalten.

Nach dem 2. WK spielte im Theater die Staatsoper.

1946 fand der Vereinigungsparteitag der SPD und KPD zur SED (Sozialistische Einheitspartei) statt.

1955 zog das Metropol-Theater ein, das bis 2001 das Ostberliner Operettentheater war.

Seit 2006 ist das Theater im denkmalgeschützten Gebäude nach umfangreichen Sanierungs- und Umbauarbeiten wiedereröffnet. Es finden verschiedene Veranstaltungen statt.

Die Distel im Vorderhaus ist ein klassisches Kabarett, das 1953 gegründet wurde. Es ist das größte seiner Art in Berlin.

Nach der Wende gehörte das Kabarett dem Magistrat von Berlin und sollte abgewickelt werden. 1991 gründeten vierzig Mitglieder eine GmbH und führten es in eigener Regie weiter.

Nach dem Bahnhof findet sich links im Hintergrund das

IHZ – Internationales Handelszentrum

Das IHZ, gebaut 1976–78 nach Entwürfen von Erhardt Gißke, entstand aus Materialien und einer Projektierung aus Japan.

Es hat 25 Geschosse mit Büros und Salonen. Gegenwärtig sind 135 Unternehmen aus 15 Ländern darin untergebracht.

Davor befinden sich zu beiden Seiten Neubauten nach Plänen von Christoph Langhoff.

Weiter auf der linken Seite liegt das

Kulturkaufhaus Dussmann

Anschließende alte Fassaden von Bürgerhäusern in der Dorotheenstraße wurden beim Neubau integriert.

Der Gründer des Unternehmens – Peter Dussmann (1938-2018) – betrieb Gebäudereinigung, Catering und Sicherheitsdienste. Bei vielen Kulturobjekten trat er als Sponsor in Erscheinung. Mit dem

Kulturkaufhaus eröffnete er neue Geschäftsfelder und schuf einen Magnet für Berlin. In dem Komplex ist auch seit 1994 die Firmenzentrale untergebracht.

In der Verkaufszentrale im Inneren ist am Ende eine durchgehende begrünte Wand als Attraktion gestaltet.

Gegenüber an der Ecke Friedrichstr. 153/Dorotheenstr. liegt die

Polnische Apotheke

Sie wurde 1898–1900 durch Alfred Breslauer realisiert. Er hatte nur 10 m Grundstückstiefe für den Bau, sodass die Arbeitsräume übereinander liegen. Im Obergeschoß finden sich die Wohnräume des Apothekers. An der  schrägen Ecke existiert noch das ehemalige Wahrzeichen der 1682 gegründeten Vorgänger-Apotheke (ein Adler mit aufgehender Sonne und dem Gründungsdatum).

Beim Bau des Hauses wurden Sandsteinpfosten aufgestellt, an denen man die Decken der Etagen angehängt hat.

Im Vorgängerbau arbeitete Theodor Fontane 1845/46 als Apothekergehilfe.

Nach der Querung der „Linden" folgt mit mehreren Läden im Erdgeschoss das

Hotel Westin Grand

Es hat im Innern eine postmoderne Ausstattung. Ein wenig scheint die Welt des Friedrichstadtpalastes mit „hineingespielt" zu haben, etwa in die „Revuetreppe", die in das 1. Geschosse der Halle führt. Die Zimmer/Suiten sind teilweise mit historischen Möbeln ausgestattet.

Die schräge Außenecke mit dem Torbogen weist auf den ehemaligen Eingang zur Lindenpassage hin (siehe Unter den Linden).

In der Behrenstraße schließt an das Hotel die **Komische Oper** an, 1891/92 als „Theater unter den Linden" (damals durch die „Lindenpassage" mit den Linden verbunden) von den Wiener Theaterarchitekten Ferdinand Fellner und Hermann Helmer erbaut. Später wurde sie umbenannt zum Metropoltheater (Revue- und Operettentheater), das im 2. WK zerstört wurde.

Nach dem Wiederaufbau 1947 gründete sich darin die „Komische Oper. Unter Walter Felsenstein erlangte die Oper mit ihrem Ensemblekonzept Weltruhm.

Der Eingangsrisalit ist vom Metallgestalter Fritz Kühn mit strukturiertem Kupferblech verkleidet.

1966/67 folgte eine bauliche Erweiterung mit einer Nebenbühne und einem Verwaltungsbau an den „Linden" Nr. 41.

Eine weitere Erweiterung wurde 2023 begonnen. Die „Komische Oper" spielt bis zur Wiedereröffnung im „Schillertheater" an der Bismarckstraße in Charlottenburg.

Gegenüber in der Behrenstraße befindet sich die **Landesvertretung Bayern.** In deren Vorläufer-Gebäude lebte unter anderem der Mathematiker Leonhard Euler von 1743 bis 1766. 1911/12 wurde ein Neubau als Sitz eines Bankvereins errichtet. In der DDR war dieses Gebäude Sitz des Verkehrsministers.

Nach 1990 erwarb der Freistaat Bayern das Gebäude für seine Berliner Vertretung.

Das Eckhaus an der Friedrichstraße gegenüber dem Hotel ist das **ehemalige Pschorr Brauhaus.**

Pschorr Hacker – ein bekanntes Münchner Brauunternehmen – hatte hier seine Niederlassung, die 1887/88 von Kayser und Großheim gebaut wurde. Dieser Neo-Renaissance-Bau war ein beliebter Vergnügungsort Berlins.

1990 zogen auf Beschluss des Runden Tischs politische oppositionellen Gruppen ein und es erhielt die Bezeichnung „Haus der Demokratie". 2000 übernahm es der Beamtenbund.

Das Nachbarbau

Ist ein rötliches Haus von 1898/99. Die ganze Fassade zeigt sich filigran in neogotischem Dekor mit einer Anleihe bei venezianischen Palästen. Das Haus ist mit Metallplatten aus geätztem Maßwerk gestaltet.

Nachfolgend das ehem. **Geschäftshaus Automat,** 1904/05 vom Architekt Bruno Schmitz (Völkerschlacht- Denkmal Leipzig, Kaiser-Wilhelm-Denkmal, Kyffhäuser)

als Automatenrestaurant gebaut. In einer tonnengewölbten Halle mit Marmorwänden spendeten eingelassene Automaten Getränke und Speisen. Die Küche war im 2. OG untergebracht.

Auf der linken Seite der Straße erstreckt sich das

Hofgartenquartier

Es war ehemals ein Quartier mit Höfen und Passagen, das im 2. WK untergegangen ist.

1996 wurde es nach einem exklusiven Gesamtkonzept von J. Paul Kleihues mit hochwertigen Läden, Büroflächen und Wohnungen neu gebaut.

Die **Dorotheenstadt** endet an der Französischen Straße.

Danach folgt

4.2 Die Friedrichstadt

Die **Friedrichstadt** ist ein historischer Stadtteil von Berlin, der ab 1688 angelegt und nach dem Kurfürsten Friedrich III. benannt wurde.

Die südliche Stadtgrenze bildete die heutige Leipziger Straße. Es entstand ein Stadtteil mit schachbrettartigem Grundriss.

Die Fortsetzung der Friedrichstraße beginnt mit dem **Quartier 205–207,** drei Blockbebauungen auf der östlichen Seite der Friedrichstraße, genannt **„Friedrichstadt-Passagen"**. Sie sind unterirdisch mit Tiefgaragen verbunden.

» Nr. 205: „Galeries Lafayette"

Dieses Kaufhaus nach einem Entwurf des französischen Stararchitekten Jean Nouvel aus Paris erbaut. Das Gebäude besteht aus Glas, wohin man schaut – Glastrichter durchdringen lichtspendend das Kaufhaus und die Büroetagen. Damit sind Lichthöfe überflüssig.

Ende 2023 hat die Galerie Lafayette diesen Standort aufgegeben. Voraussichtlich wird die Berliner Zentral- und Landesbibliothek (siehe Anlage 5) das Gebäude für sich nutzen.

» Nr. 206: Mittelblock

Architekt des Büros Pei zusammen mit Henry Copp sowie Freed & Partner. Die Fassade hat keilförmig strukturierte Vorsprünge mit expressiven Stiltendenzen der 1920er-Jahre.

Im Atrium führt eine freitragende Wendeltreppe ins Untergeschoss, wo sich die Keil-Struktur fortsetzt.

Es hat 44 Ladengeschäfte und 16 000 m² Platz für Büros. Im Obergeschoss befinden sich Luxuswohnungen.

» **Nr. 207: Südblock**

Architekt Oswald Mathias Unger hat dieses auch als „steinernes Haus" bezeichnete Werk um zwei übermächtig wirkende Lichthöfe erbaut.

Gegenüber liegt das

Haus der russischen
Wissenschaft und Kultur

Mit dem Baujahr 1984 – mit Granit- und Marmorfassade – die ehemals größte Institution außerhalb der Sowjetunion.

Heute befinden sich in der Ladenzone neue Luxusgeschäfte.

Nach der Mohrenstraße (ab 1.10.2021 zur Anton-Wilhelm-Arno-Straße umbenannt) findet sich das

Kontorhaus

In der Bauzeit 1994–97 entstand hier durch Architekt J. Paul Kleihues dieses Werk aus historischen Kleinparzellen der Altstadt – ein Geschäftshaus mit Büros, Läden, Gastronomie, Kunst, Apartments (im Hinterhaus) und überdachtem Atrium.
    Der Mitteltrakt der Straßenfront hat eine für Kleihues typische linsenförmige Einfügung. In der Kronenstraße schließt ein fünfgeschossiger Altbau an.

Nach der Leipziger Straße endete ehemals auch die sowjetische Besatzungszone. Von den Alliierten wurde an der Friedrichstraße ein Grenzübergang eingerichtet, der

Checkpoint Charlie

Dies war ein Übergang nur für Diplomaten und Alliierte. Am 13. Aug. 1961 standen sich sowjetische und amerikanische Panzer hier schussbereit gegenüber.

Der Name ist nach der amerikanischen Buchstabiertafel: C wie Charlie vergeben (die anderen Grenzübergänge waren: B wie Bravo in Dreilinden und A wie Alpha in Helmstedt).

Berliner Mauer

Die Anlage bestand aus einer Betonmauer bzw. einem Zaun und einem ca. 10 m breiten Schutzstreifen (Kontrollstreifen 6–7 m breit, Kfz-Graben, Führungsdraht für Hundelaufanlage und Kontaktzaun). Dahinter folgte eine 100 m breite Sperrzone. Die Grenzanlagen waren 155 km lang, davon 106 km Betonmauer, von der 43,1 km durch Berlin liefen. Die Mauer war 3,60 m hoch. Weiterhin gehörten 67 km Metallgitterzaun dazu. 302 Beobachtungstürme sowie 20 Bunker zählten auch zu den Grenzanlagen.

Über die Grenzdurchbrüche und Opfer an der Berliner Grenze existieren keine gesicherten Zahlen. Laut Wikipedia gab es zwischen dem 13. August 1961 und dem 9. November 1989 an der Berliner Mauer 5075 gelungene Fluchtversuche. Mindestens 140 Personen wurden bei Mauerdurchbrüchen erschossen und 251 verstarben bei Grenzkontrollen eines natürlichen Todes.

Am 9. November 1989 wurde die Mauer wieder geöffnet und später bis auf einige historische Reststücke abgetragen.

Geht man die Leipziger Straße ein Stück nach rechts in Richtung Potsdamer Platz, gelangt man zum

Museum für Kommunikation

1871 war die Post Institution des Deutschen Reiches geworden. Drei Jahre später begann in der Leipziger Straße der Bau eines Reichspostamtes, das infolge eines verbesserten Angebots 1893–97 aufwendig erweitert wurde. Außerdem wurde das 1878 gegründete Postmuseum mit eingegliedert.

Das Eckgebäude wurde im aufwendigen Wilhelminischen Stil mit kolossalen Doppelsäulen und einem Lichthof im Inneren ausgeführt.

Die Attikaspitze zieren Giganten mit Erdkugel als Ausdruck der weltumspannenden Bedeutung von Post und Kommunikation.

Im 2. WK wurde der Kernbau zerstört und 1958–63 wieder aufgebaut. 1992 begann eine weitere denkmalgerechte Restaurierung.

Das neue Museum für Kommunikation öffnete 2000.

Weiter die Leipziger Straße entlang in Richtung Potsdamer Platz erreicht man auf der linken Seite das heutige Finanzministerium und den Bundesrat.

Ministerium der Finanzen

1935/36 wurde es als Reichsluftfahrtministerium unter Hermann Göring erbaut. Es war der erste „Großbau des dritten Reiches" von Ernst Sagebiel (Flughafen Tempelhof) und eins der wenigen Gebäude aus der Hitlerzeit, das im Krieg nur wenig beschädigt wurde. Dieses Ministerium war ein Komplex zwischen Leipziger Straße, Wilhelmstraße und ehemals Prinz-Albrecht-Straße (heute Neukirchnerstraße) mit 2000 Zimmern.

Der Stahlbeton-Skelettbau ist mit einer Muschelkalk-Fassade verkleidet.1945 wurde er durch die sowjetische Militäradministration genutzt. 1949 zog der Deutsche Volksrat als Vorgänger der DDR-Volkskammer ein. Hier wurde die erste Verfassung der DDR beschlossen.

Zu DDR-Zeiten wurde der Komplex als Haus der Ministerien genutzt. Am 17. Juni 1953 war es wichtigster Zielpunkt der Demonstrationen. 1971 wurde hier das Viermächteabkommen unterzeichnet. Nach der Wende war es die Zentrale der Treuhandanstalt der Nutzer (Detlev-Rohwedder-Haus). Seit Oktober 1990 ist in ihm das Bundesfinanzministerium untergebracht.

Am Eingang zur Leipziger Straße befindet sich ein Wandbild aus Meißner Porzellan. Es wurde 1952 von Max Lingner geschaffen und „Aufbau der Republik" genannt.

Die Freifläche davor ist dem Gedenken an den 17. Juni 1953 gewidmet.

Bundesrat

Er hat seinen Sitz im ehemaligen Preußischen Herrenhaus in der Leipziger Straße.

Das **Preußische Herrenhaus** (1) in Berlin war die Erste Kammer des Preußischen Landtags. Die Zweite Kammer war das

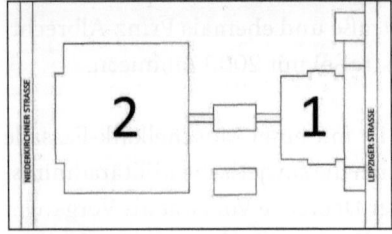

Preußische Abgeordnetenhaus (2). Beide Kammern waren zwischen Leipziger Straße und Prinz-Albrecht-Straße (heute Niederkirchnerstraße) miteinander verbunden.

Für den Bau das Herrenhaus wurde das ehemalige Wohnhaus der Familie Mendelssohn (Leipziger Straße 3) und das Nachbargrundstück der 1763 gegründeten Königlichen Porzellanfabrik (Nr. 4) erworben. Ab 1871 diente die Porzellanfabrik als provisorischer Sitz des Deutschen Reichstags.

Der Bau beider Gebäude geschah durch Friedrich Schulze von 1892 bis 1904. Das von 1904 bis 1918 genutzte Herrenhaus dient heute als Bundesratsgebäude.

Der ehemalige Preußische Landtag ist heute das Berliner Abgeordnetenhaus.

Die erste Sitzung des Bundesrats fand am 29. Sep. 2000 statt.

Am Museum für Kommunikation kreuzt die Mauerstraße. In südlicher Richtung befindet sich der Bethlehemskirchplatz, auf dem bis zum 2. WK die Böhmische Kirche – auch Bethlehemskirche – stand.

Die Bethlehemskirche

wurde 1737 fertiggestellt.

Sie war eine 37,90 m hohe Barockkirche – ein Geschenk von Friedrich Wilhelm I. an die böhmischen Protestanten. Bis 1829 predigte man auf Tschechisch. Im 2. WK wurde sie stark beschädigt und abgetragen. Beide Turmglocken hängen heute im Gemeindehaus Richardstr. 97 (Neukölln).

Die Grundmauern und das Grab des ersten Pfarrers (Johann Liberda) wurden bei Ausgrabungen gefunden. 1994 wurden die Grundmauern und die Lage der Kirchenbänke als Steinpflasterung dargestellt.

Im Jahr 2012 schuf der spanische Konzeptkünstler Juan Garaizabal in Erinnerung an die ehemaligen Kirchenumrisse eine Stahl-Skelett-Skulptur.

Der **„Houseball"** ist eine 11 m hohe bunte Kugel mit Hausrat, durch Seile zusammengebunden. Die Popkünstler Claes Oldenburg und Coosje van Bruggen erinnern damit an ein hastig zusammengebundenes Bündel der jüdischen Flüchtlinge.

*Der Houseball im Vordergrund
mit dem Stahl-Skelett der
Bethlehemskirche dahinter*

Am Ende der Mauerstraße erreicht man wieder die Friedrichstraße und damit das Berliner **Zeitungsviertel**.

Es war ein Quartier um die südliche Friedrichstraße zwischen Schützen-, Zimmer- und Kochstraße mit vierstöckigen Häusern im Stil der Gründerjahre. Zum Teil sind sie noch heute der Mittelpunkt des Zeitungsviertel Berlins, wenn auch im 2. WK vieles untergegangen ist.

Nach 1896 erschienen in Berlin 741 Tages-, Wochen- und Monatsblätter sowie Zeitschriften, mehr als in London, Paris oder New York City.

1927 hatten im Zeitungsviertel 17 Verlage ihren Sitz, wie Reuters, Ullstein oder Mosse.

» Rudolf Mosse, Gründer des modernen Zeitungsgewerbes (1871 gegründet als Anzeigenhandel) war Herausgeber des „Berliner Tageblatts"
» Leopold Ullstein gründete 1877 an der Zimmerstraße eine Druckerei und bald auch sein eigenes Tagblatt, die „Berliner Zeitung". Der Ullstein Verlag war der größte Verlag im Zeitungsviertel. 1959 verkaufte ihn der letzte Ullstein-Erbe Rudolf an Axel Springer (siehe unten).

1933 wurde die Presse „arisiert". Die meist jüdischen Eigner und Redakteure wurden vertrieben oder ins KZ überführt. Die Verlage erhielten teils neue Namen (z. B. Ullstein hieß dann „Deutscher Verlag").

Klägliche Reste einer großen Vergangenheit sind noch vorhanden. Ca. 1500 alliierte Bombenflugzeuge haben am 3. Feb. 1945 binnen 90 Minuten die Gegend zwischen Leipziger Straße und Mehringplatt in Schutt und Asche gelegt.

Einzig das neue **Mossehaus** (Schützenstr. 25–32, siehe Bild auf Seite 110) erinnert mit seinen abgerundeten Ecken noch an die Architektur von Erich Mendelsohn in den Gründerjahren.

Durch die Zimmerstraße verlief ehemals die Grenze zwischen Ost und West. Ihr Verlauf ist an vielen Stellen in Berlin durch ein doppeltes Pflasterband dargestellt.

Axel-Springer-Haus

1959-66 legte Axel Springer den Grundstein für sein neues Verlagsgebäude an der Kochstraße direkt an der Zonengrenze zum sowjetischen Sektor.

1992–94 wurde der Bau durch einen verglasten rechtwinkligen Anbau erweitert.

Ullstein war der Steigbügelhalter für den Einstieg des Hamburger Verlegers Springer in den Berliner Zeitungsmarkt. Bis 1967 agierte Springer nur als Minderheitsaktionär bei Ullstein. Dann übernahm er ihn vollständig. 1986 verlegte Springer ca. 80 % der West-Berliner Tagespresse.

taz-Redaktions-Gebäude (Kochstr. 19)

Das 1906 gebaute Geschäftshaus ist nicht mehr vorhanden. 2014 wurde ein Wettbewerb für einen Neubau ausgeschrieben, den die Brüder Wim und Piet Eckert, Absolventen der ETH Zürich, gewannen.

Der Bau besteht aus einem äußeren Stahlskelett, auf dem die Unterzüge der Decken aufliegen. Im Innern ist das Gebäude völlig stützenfrei.

An das Verlagsgebäude grenzt der **Theodor-Wolff-Park**, der nach dem Publizisten und Vetter Rudolf Mosses benannt ist. Wolff leitet 1906–1933 das Berliner Tagblatt und führte die Zeitung in die Liga der Weltblätter. Er starb 1943 im KZ Sachenhausen.

Durch den Park führen die **Rahel-Varnhagen-Promenade** (westlich der Friedrichstraße) und die **E.-T.-A.-Hoffmann-Promenade** (östlich der Friedrichstraße).

Auf der östlichen Seite der Friedrichstraße, **Haus Nr. 17**, erhebt sich ein repräsentativer Gründerzeitbau, vor 1945 den Lebensmittelhändlern Hermann und Paul Gutschow gehörend.

Sie stellten dem SA Sturmbanner III/8 bereits 1932 ihre Keller im zweiten Hof des gegenüberliegenden Gebäudetraktes zur Verfügung, wo im Frühjahr 1933 das erste Berliner KZ eingerichtet wurde. Hunderte auf der Straße weggefangene Gewerkschaftler, Kommunisten, Sozialdemokraten und Juden wurde dort tagelang verhört, gefoltert und erniedrigt (siehe Erinnerungstafel am Haus gegenüber).

Am **Mehringplatz** endet die Friedrichstraße.

Der Mehringplatz ist das 1732-34 durch Friedrich Wilhelm I. konzipierte Rondell (siehe Pariser Platz, Seite 81). Nachdem Napoleon durch die Große Alliance besiegt war, wurde das Rondell in Bel-Alliance-Platz umbenannt.

Nach 1945 war der Platz völlig zerstört. Aus einem Wettbewerb hervorgehend hat Hans Scharoun 1962 eine völlig neue Bebauung geschaffen, wobei die Kreisform weiter beibehalten wurde.

Seit 1946 trägt der Platz den Namen von Franz Mehring – Mehringplatz. Die Friedenssäule nach dem Sieg über Napoleon in der Platzmitte blieb erhalten.

Entlang der E.-T.-A.-Hoffman-Promenade erreicht man das **Kammergericht,** gebaut 1735 von Architekt Philipp Gerlach als Kollegienhaus, erster Verwaltungsbau der Friedrichstadt. Das Giebelfeld ziert ein preußisches Staatswappen und Figuren von Caritas und Justitia. Heute ist dies das **Berlinmuseum**, das als Eingangs-Gebäude zum **Jüdischen Museum** gehört.

Das erste **Jüdische Museum** wurde Ende Januar 1933 rechts neben der Neuen Synagoge in der Oranienburger Straße gegründet. Es beherbergte Jüdische Kunstwerke und historische Zeitzeugnisse. Nach dem Novemberpogrom 1938 wurde es geschlossen. 1971 erfolgte im ehemaligen Kammergericht eine Neugründung des Jüdischen Museums. 1992–2001 wurde unter Daniel Liebeskind der Neubau neben dem Berlinmuseum realisiert. Es hat einen Grundriss in Form eines auseinandergezogenen Davidsterns. Heute ist es das größte Jüdische Museum in Europa.

4.3 Der Friedrichswerder

Der **Friedrichswerder** ist der Teil Berlins südlich der Friedrichsgracht, die Cölln begrenzt. Er entstand als erste Stadterweiterung 1662, benannt durch Kurfürst Friedrich Wilhelm (Großer Kurfürst). Infolge seines Edikts von Potsdam 1685 ermöglichte er es 15 000 calvinistischen Protestanten (Hugenotten) aus Frankreich, sich in der Mark Brandenburg anzusiedeln. In Berlin fanden diese Hugenotten vorwiegend im neu entstandenen Friedrichswerder eine Heimat.

Die **Jannowitzbrücke** führt von Alt-Berlin zum Friedrichswerder. Ein geschäftstüchtiger Baumwollfabrikant namens Jannowitz ließ sie 1822 erbauen. Die Baukosten holte er sich über einen Brückenzoll zurück. Pro Passage musste man ½ Silbergroschen bzw. 6 Pfennig entrichten (daher auch Sechserbrücke im Volksmund genannt) – Bis zur Einführung des EURO wurde in Berlin der halbe Groschen weiter als Sechser bezeichnet.
Die jetzige Brücke wurde 1952–59 neu gebaut.

Am südlichen Brückenende erstreckt sich der erste Gebäudekomplex der
Chinesischen Botschaft

Er wurde in der DDR-Zeit für die Einheitsgewerkschaft FDGB gebaut, deren Vorsitzender Harry Tisch war, sodass man noch heute im DDR-Volksmund vom „Tischkasten" spricht.

Nach 1990 wurde das Gebäude als Congress Center des Gesundheitssenators genutzt. 1999 erwarb es China für 27 Millionen DM als neue Botschaft. Damit gaben die dafür Verantwortlichen den Plan

auf, in Niederschönhausen auf 15 000 m² einen Neubau zu errichten. Nach einer Umgestaltung zog die Botschaft Chinas im November 2001 in das Gebäude ein. Es ist eines der größten Botschaftsgebäude Berlins.

Am Märkischen Ufer entlang gehend erreicht man das

Märkische Museum

Es hatte nach seiner Gründung 1874 keinen festen Sitz und zog anfangs mehrfach um, bis ein eigenes Gebäude am Köllnischen Park durch den Stadtbaudirektor Ludwig Hoffmann entstand (1899–1908). Dies ist Berlins größtes Heimatmuseum. Hoffman hat dabei Charakterbauten der Mark nachempfunden: z. B.
» den Turm dem Bergfried der Bischofsburg in Wittstock
» die Schaugiebel und die Kapelle der Katharinenkirche von Brandenburg
» in der äußeren Nische: eine Nachbildung des Rolands vor dem Brandenburger Rathaus.

Das Museum zeigt Ausstellungen zur Stadt- und Theatergeschichte sowie zum Kunsthandwerk, zu Heinrich Zille, Theodor Fontane und Gerhart Hauptmann.

Im Außenbereich findet man eine **Zille**-Bronzeplastik und eine Bastion der ehemaligen Festungsmauer des 17. Jh.

Im Köllnischen Park befindet sich der **Bärenzwinger** aus den 1920-er Jahren mit den Wappentieren Berlins.

Geht man am Märkischen Ufer entlang, erlebt man eine grachtenartige Bebauung. Die Häuser sind Kopien wertvoller Gebäude des im 2. WK zerstörten Viertels von Friedrichswerder.

Am Ende des Uferweges gelangt man zum

Spittelmarkt

Der Name ist vom Gertraudenhospital (kurz Spital, im Volksmund Spittel) abgeleitet, dass sich ehemals außerhalb der Stadtmauern von Berlin/Cölln befand.

1405 beschloss der Cöllner Rat, auf diesem Platz ein Spital mit Kirche zu bauen (St. Gertraud).

Unter Friedrich Wilhelm I. wurde der Spitalfriedhof zum Marktplatz (Spittelmarkt) umgebaut. 1872 beim Durchbruch der Beuth- und Seydelstraße wurde das Gertraudenhospital nach Kreuzberg verlegt und die Spitalkirche St. Gertraud abge-

rissen. Sie stand genau in der Achse der Leipziger Straße, sodass der Spittelmarkt heute nur noch eine Kreuzung von fünf Straßen ist. Eine davon ist die hier beginnende Leipziger Straße.

Durch die Leipziger Straße gelangt man an die

Spittelkolonnaden

Sie standen ehemals vor dem Spittelmarkt halbkreisförmig auf der Brücke zu beiden Seiten über dem Festungsgraben. Carl von Gontard hatte sie 1776 angelegt, um Marktbuden aufzunehmen.

Zur Erweiterung der Leipziger Straße schüttete man 1872 den Festungsgraben zu und riss die Brücke ab. Die südlichen Kolonnaden wurden abgetragen und eingelagert, die nördlichen versetzt. Sie überstanden den 2. WK nicht.

1979 hat man die eingelagerten Kolonnaden restauriert und unweit ihres ehemaligen Standortes an der Leipziger Straße aufgestellt. Auch die ehemalige Null-Meilensäule der Reichsstraße 1 von 1730 (erste befestigte Straße von Berlin nach Potsdam) wurde rekonstruiert und als Mittelpunkt in das Halbrund der Kolonnaden eingefügt.

Durch die Jerusalemer Straße nach rechts gelangt man zum

Hausvogteiplatz

Der Platz war ehemals der Ort hinter der Bastion III. der Festungsmauer des 17. Jh. Hier befanden sich der Jägerhof und das Hofgericht. Bis 1853 wurden Menschen auf dem Platz öffentlich an den Pranger gestellt.

Anfang des 19. Jh. etablierte sich hier die jüdische Konfektionsindustrie.

Um 1900 lebte das ganze Viertel davon. 2400 Unternehmen beschäftigten Hunderttausende Juden bzw. Berliner und weitere ca. 100 000 Heimarbeiterinnen in Ost- und Nordberlin.

Bis 1933 wurden etwa 90 % der Damen- und 50 % der Herren- und Kindermode Deutschlands „von der Stange" in Berlin hergestellt.

Ab April 1933 machten die Nazis dem Leben am Hausvogteiplatz ein Ende. Die Fabriken wurden „arisiert" und der Begriff „Konfektion" ab 1936 gänzlich verboten. 4000 Juden wurden deportiert und in Vernichtungslagern umgebracht. Ein Mahnmal am Platz erinnert heute an die ermordeten Juden der Modebranche.

Wenige Zeugnisse aus der Vorkriegszeit sind noch vorhanden. Die meisten Häuser wurden modernisiert oder neu gebaut.

Anschließend der Gendarmenmarkt

Französische protestantische Glaubensbrüder, die Hugenotten, erhielten viele Freiheiten in Berlin und durften u. a. ein eigenes Regiment „Gens de armes" unterhalten.

Friedrich I. ließ dafür Stallungen errichten. Der Gendarmenmarkt war ehemaliger Reit- und Exerzierplatz der Hugenotten.

Friedrich II. ließ die Stallungen abreißen und 1781–85 zwei identische Kuppeltürme – **Deutscher- und Französischer Dom** genannt – bauen. Ihm schwebte die Piazza del Popolo in Rom vor. Der Gendarmenmarkt gilt als einer der schönsten Plätze Europas. Er wurde in der Nazizeit zum Aufmarschplatz umgestaltet. Es fanden dort jährlich die Aufnahmen in die Hitlerjugend statt.

Ab 1976 begann der Neuaufbau des Platzes und seiner historischen Bauten. Die gesamte Leitung übernahm Manfred Prasser. Damit entstand ein Ensemble aus rekonstruierten Altbauten der beiden Dome und dem Schauspielhaus (zum Konzerthaus umgestaltet und umbenannt).

Direkt an dem Französischen Dom angrenzend die

Französische Friedrichstadtkirche

Sie wurde 1701–05 durch die Hugenotten nach dem Vorbild der Hugenottenkirche von Charenton-le-Pont bei Paris gebaut, die der Französische König Louis XIV. hatte abreißen lassen. Preußenkönig Friedrich I. stellte dafür Baumaterial zur Verfügung.

Einen Bombenvolltreffer zerstörte 1944 die Kirche. 1978–83 erfolgte der Wiederaufbau unter Richard Paulick.

Rechts vom Eingang befindet sich eine Bronzetafel zur Kirchengeschichte und zum Empfang der Hugenotten, 1985 geschaffen vom Metallkünstler Achim Kühn – 300 Jahre nach dem Edikt von Potsdam.

Der Altbau des Französischen Komödienhauses stammte von 1774. Es fungierte 1802-1817 als **Nationaltheatern**. der Friedrichsstadt. 1817 zerstörte ein Brand das Gebäude.

Den Neubau entwarf der Architekt Karl Friedrich Schinkel, der bis 1821 realisiert wurde. Am 18. Juni 1821 erfolgte mit der umjubelten Uraufführung Karl Marie Webers „Der Freischütz" die Eröffnung als **Königliches Schauspielhaus**.

Im September 1848 tagte im Saal mehrfach die Preußische Nationalversammlung.

Nach dem 1. WK wurde das Haus im Oktober 1919 als **Preußisches Staatstheater** wiedereröffnet. Intendanten wie Leopold Jessner und Max Gründgens machte es zur weltberümten Theaterbünhne.

Durch die aliierten Bombenangriffe im 2. WK wurde vieles zerstört oder beschädigt. Der historische Bau brannte vollständig aus.

1977 begann der Wiederaufbau. Dabei wurde viel darauf gesehen, die Architektur Schinkels wieder erlebbar zu machen.

1948 sang das sowjetische „Alexandrow Ensemble" für die Berliner vor der Ruine des Schauspielhauses.

1984 erfolgte die Neueröffnung des **Schauspielhaus** mit einem Galakonzert des Berliner Sinfonie-Orchesters seine Pforten. Die schinkelsche Innenausstattung ist beim Wiederaufbau den neuen Bedingungen angepasst worden. Der Saal erhielt eine Jemlich-Orgel aus Dresden mit vier Manualen, einem Pedal, 74 Registern und 5811 Pfeifen.

1994 erfolgte die Umbenennung in **„Konzerthaus Berlin"**.

Viel wurde danach zur Verbesserung der Akustik getan. Seit 2004 zählt der Saal zu den akustisch fünf Besten der Welt für Musik- und Opernaufführungen,

Gerndarmenmarkt

Der Platz hieß ab 1950 in der DDR-Zeit „Platz der Akademie".

Zwischen 1973 und 1993 wurde er neugestaltet. Neubauten für Wohnungen, Geschäfte, Gastronomie und Büros umgeben ihn heute. Die Bauten zwischen Französischer Straße und Jägerstraße sind Plattenbauten der DDR-Zeit mit eigens für den Platz angefertigten Fassaden-Schmuck-Elementen aus einer Berliner Spezialwerkstatt.

Seit Februar 2021 ist die gesamte Platzgestaltung als „hervorragendes überliefertes Zeugnis eines städtebaulichen Großprojektes der DDR mit geschichtlicher, künstlerischer und städtebaulicher Bedeutung" unter **Denkmalschutz** gestellt.

Vor dem Konzerthaus steht das **Schillerdenkmal**, von Reinold Begas geschaffen und 1871 eingeweiht. Zwischen 1936 und 1988 war es ausgelagert. 1988 erfolgte die neue Aufstellung.

Von 1871 an hieß er nach dem Schillerdenkmal in der Mitte Schillerplatz. Nach 1990 wurde er wieder als Gendarmenmarkt bezeichnet.

Hinter dem Konzerthaus in der Charlottenstraße findet man eine großzügige Gastronomie-Meile, etwa das Schokoladenhaus „Fassbinder & Rausch" mit Café in der ersten Etage oder die Weinhandlung und -lokal „Luther & Wegner".

Luther & Wegner

Sektkeller und Lokal wurde 1811 ehemals in der Charlottenstraße 49 (heute Four Seasons) mit Blick auf das Schauspielhaus gegründet.

1815 bezog **E. T. A. Hoffman** über dem Weinlokal eine Wohnung. Am 3. August 1816 feierte er im Schauspielhaus einen großen Erfolg mit der Uraufführung seiner Oper „Undine". Hoffman war Stammgast im Lokal. Zu den „Trinkfreunden" gehörten auch

Heinrich Heine, Ludwig Tieck, Clemens von Brentano, der Dramatiker Dietrich Grabbe und der Schauspieler Ludwig Devrient.

Anekdote:
Devrient soll an diesem Ort das Wort „Sekt" erfunden haben. Nach einer Vorstellung „Heinrich IV." 1825 gab er das Falstaff-Zitat „Bringt mir Sack, Schurke" (Sprich Saek) zum Besten. Der Kellner erhörte seinen Ruf, brachte den üblichen Schaumwein und die Bezeichnung „Sekt" war geboren.

Sein Bild ziert noch heute das Logo des Sektkellers.

Das Weinlokal „Lutter & Wegner" befindet sich heute in der Ecke Charlottenstraße 56/Taubenstraße. Hier stehen ca. 800 Weinsorten zur Auswahl.

Eine Skulptur von E. T. A Hoffmann, von der Bildhauerin Carin Kreuzberg gestaltet, steht in der Grünanlage des Deutschen Doms gegenüber der Gaststätte. Es ist eine Bronzekopie.

Das steinerne Original ist im Mittelfoyer des Konzerthauses links neben dem Ausgang zur Freitreppe aufgestellt. Es stand ehemals am Spreeufer gegenüber vom Berliner Dom. Leider hatten es Kunstbanausen oft geschändet.

Vom Gendarmenmarkt lohnt sich ein Abstecher in die

Jägerstraße

Hier sind noch einige Großbürgerhäuser erhalten oder wieder rekonstruiert worden, die Berliner Historie repräsentieren.

Hier standen alte Berliner Bankhäuser wie das 1795 gegründete Bankhaus der Gebrüder Joseph & Abraham Mendelssohn (ab 1851 in Haus Nr. 51 – weißes Gebäude) oder Bankhaus Conrad – des Gründers von Wannsee. Außerdem gab Rahel Levin (verheiratete Varnhagen) um 1800 im Haus Nr. 54 Gesellschaften (Salons).

In der Französische Straße in Richtung Ost liegt die Rückfront der St.-Hedwig-Kathedrale. An der nächsten linken Ecke steht ein Gebäude mit dem **Pierre-Boulez-Saal**, ein ovaler Kammerkonzertsaal, zu dessen Bau der Dirigenten Daniel Barenboim Veranlassung gab.

Danach die

Friedrichswerdersche Kirche

1824–31 durch Karl Friedrich Schinkel gebaut. Es ist eine neogotische Backsteinkirche. Im 2. WK wurde sie durch Bomben und Artilleriebeschuss schwer beschädigt.
1982–87 wurde sie originalgetreu restauriert und als Museum für Plastiken von Schinkel sowie weitere Künstler seiner Zeit eröffnet.

Bei der Nachverdichtung um die Kirche nach 2010 kam es zu Fundamentabsenkungen mit Schäden an der Kirche, die auf Kosten der Bauherren behoben werden mussten. Seit 2020 ist die Kirche wieder öffentlich zugänglich.

Daneben stand die

Bauakademie

1832–36 wurde sie als Karl Friedrich Schinkels letztes Werk in Berlin gebaut. Es ist ein Rohziegelbau, der durch seine besondere Konstruktion und Bautechnik richtungweisend für Preußens Bauwesen wurde.

Der Bau gilt als Ursprung der Moderne.

Ebenfalls im 2. WK teilweise zerstört, wurde er zunächst wieder aufgebaut. Doch 1961–62 musste er für den Bau des Außenministeriums der DDR wieder abgerissen werden. Nach der politischen Wende folgte der Abriss des Außenministeriums. Damit wurde der Platz frei für einen Neubau der Bauakademie.

Eine Ecksäule haben Azubis errichtet, aber nicht fortgesetzt (siehe Bild Schinkelplatz).

2021 bei Grabungen im Kellergewölbe wurden über 800 Originalteile gefunden, u. a. die Köpfe von Athene, Poseidon und Aphrodite, die eins als Fries den Bau schmückten.

Der Schinkelplatz

ist ein Werk von Peter Joseph Lenné (Platz an der Bauakademie). 1860/61 wurden Denkmäler für den Begründer der modernen Landwirtschaft Albert Thaler (1752-1828) und für den preußischen Staatsminister Wilhelm Beuth (1781-1828) aufgestellt. 1869 erhielt der Platz das Denkmal zu Ehren des Baumeisters für Berlin, Karl Friedrich Schinkel (1781-1841) und wurde nach ihm benannt.

Alle Denkmale sind von Christian Rauch gestaltet und mit dem Vermerk versehen: „Die ersten Preußischen Helden auf öffentlichem Platz ohne Degen".

2008 erfolgte die Neugestaltung des Platzes nach den Unterlagen von 1868/69. Die drei Denkmäler wurden auf neue Sockel mit gusseisernen Einfassungen nach historischen Vorbildern gestellt und im Halbkreis um einen Brunnen mit halbrunder Granit-Sitzbank platziert.

5

DIE SPANDAUER VORSTADT

Die Spandauer Vorstadt entstand zu beiden Seiten des mittelalterlichen Land- und Heerweges nach Spandau. Sie zieht sich westlich zum Hackeschen Markt hin. Zwischen dem Heerweg und der Spree befindet sich seit 1600 der Kurfürstliche Garten mit Küchengarten und Meierei, wo König Friedrich I. 1703 das Schloss Monbijou erbauen ließ.

Die ältesten Gebäude der Vorstadt gehen auf das 17. Jh. zurück. Die Besiedelung erfolgte zunächst in unkoordinierter Struktur mit ein- und zweistöckigen Häusern, Meierei, Ziegeleien und Kalkscheunen.

Die Spandauer Vorstadt ist heute im Grundriss das einzige noch ziemlich komplett erhaltene Stück altes Berlin. In schmalen Straßen sind Wohnen und Produzieren eng verbunden. „Hier ist der mittelalterliche Stadtgrundriss noch erlebbar. Man findet viele unterschiedliche Häuser aus vier Jahrhunderten und schöne Fassadenbilder." [12]

» **Barock:** Sophienkirche, Häuser Große Hamburger Straße Nr. 17 und 19a
» **Klassizismus:** Große Landesloge der Freimaurer in der Oranienburger Straße, St Hedwigkrankenhaus, Postfuhramt
» **Jugendstil:** Hackesche Höfe
» **Neue Sachlichkeit:** Bauten am Rosa-Luxemburg-Platz, Jüdische Mädchenschule in der Augustusstraße

Zeittafel

» 1600 lässt Kurfürst Joachim Friedrich den Küchengarten und eine Meierei anlegen.

» 1671 erwirbt Mordechai Model 0,6 Hektar für den ersten jüdischen Friedhof.

» Gouverneur Generalfeldmarschall von Barfuß erhält den kurfürstlichen Auftrag, vor dem Spandauer Tor Straßen anzulegen 1703/05 schenkt König Friedrich I. seiner Favoritin, Gräfin Wartenberg, die Meierei und lässt das Schlösschen „Monbijou" erbauen.

» 1716 forciert Friedrich Wilhelm I. die „Anlage der Gassen bis an das Oranienburger Thor".

» 1750 lässt Friedrich II. unter dem Stadtkommandanten Ernst Ludwig v. Hacke die Befestigungsmauer errichten und die Besiedlung vorantreiben.

» 1788 erfolgt die Einbeziehung der Vorstädte in die Zoll- und Akzisemauer.

» 1818 Ausbau der Charité.

» 1866 Abschluss des Baus der „Großen Synagoge".

Verfolgte Juden aus Polen und Russland durften nur über das Rosenthaler Tor nach Zahlung einer Gebühr nach Berlin. Sie fanden bei Bekannten vorwiegend in der Spandauer Vorstadt Unterschlupf. Wohnungen waren hier billig. Rund um die Neue Synagoge wohnten wohlhabende Glaubensbrüder, die die jüdischen Flüchtlinge unterstützten.

Mitte des 19. Jh. hatte die Spandauer Vorstadt mit ca. 70 000 Bewohnern eine extreme Bevölkerungsdichte. Die Häuser wurden nun drei- und vierstöckig.

Seit dem 17. Jh. lebten Katholiken, Protestanten und Juden in Berlin zusammen. Es gab Juden und jüdisches Leben in allen Stadtteilen.

Ein „Jüdisches Viertel" existierte in Berlin nicht.

Über das jüdische Leben habe ich zur Information in Anlage 3 einige zusammenfassende Ausführungen gemacht.

Haus/Hof Rosenthaler Straße Nr. 39 (Haus Schwarzenberg): ein alter interessanter Hof, den man sich vor den Hackeschen Höfen ansehen sollte. Er ist eine Erinnerung an vergangene Zeiten.

Im hinteren Querbau 1. OG liegt die NS-Gedenkstätte „Stille Helden" (Ausstellung), eine ehemalige Blindenwerkstatt des Besen- und Bürstenfabrik von Otto Weidt, der 56 Juden beschäftigte und ihnen half, mit Lebensmittel und falschen Pässen zu überleben. Er konnte 27 Menschen retten, die übrigen wurden denunziert und in KZ verschleppt. Weidt ist 1948 verarmt und verbittert gestorben.

Die Ausstellung wurde von Studenten aufgebaut. Daran erinnert eine Gedenktafel in der Tordurchfahrt im Fußboden.

Der Hackesche Markt

wurde 1751 angelegt. Hacke ließ Felder trocken- und Straßen anlegen.

Hans Christoph Friedrich **Hacke** (1699-1754) war engster Vertrauter von Friedrich Wilhelm I. in militärischen Angelegenheiten, wurde aber von ihm nie belobigt. Friedrich II. hob ihn nach dem Tod des Vaters sofort in den Grafenstand. Hacke wurde zum Stadtkommandanten Berlins berufen und erhielt als erster Adliger Preußens den Orden „Pour le mérite".

Anekdote:
Hacke ging vor dem Spandauer Tor oft auf Wildschweinjagd.
Eines Tages brach ihm das Fangeisen ab und der Eber geriet
ihm zwischen die Beine.
Mit höchster Not konnte er sich rittlings sitzend auf dem Eber
festhalten und ab ging die Post, im strammen Ritt bis vors Tor.
Dort konnten ihn die Wachen aus der misslichen Lage befreien.
Friedrich der Große hatte davon gehört und als er 1750 Graf
Hacke mit dem Ausbau der Spandauer Vorstadt beauftragte,
bemerkte er: „Er kenne sich ja dort bestens aus."

Lange Zeit nannte der Volksmund den Platz „Schweinereiter-
markt".

Eine persönliche Anmerkung:
Heute ist der Bahnhofsplatz der Hackesche Markt, auch wenn
er in der S-Bahn konsequent als Hackischer Markt angekün-
digt wird (det nimmt der Berliner nich so jenau).

Hackesche Höfe

Das sind acht Höfe von der Rosenthaler Str. 40/41 bis zur Sophienstr. 6.
    Zu Zeiten wirtschaftlichen Aufschwungs entstanden gewerb-
liche und künstlerische Einrichtungen, Wohnungen, Gastronomie, Läden und Festsäle.
    1905–07 wurden die
Höfe nach Plänen von
Reyscher und Hoeniger
erbaut. Leitender Bau-
meister war Kurt Berndt,
ein bekennender Anhän-
ger des Jugendstils. Die
Fassadengestaltung und
der Hof I sind von August
Endell im Jugendstil ge-

staltet. Damals einzigartig für Europa waren die Größe der Anlage und die reiche architektonische Ausstattung.

Die Grundidee Endells war „der bewegte Raum" – wogende Linien
dienten als belebendes Element (besonders ausgeprägt im Hof I).

Die Festsäle stellten das Glanzstück der Arbeit Endells dar.
Deren Pracht hätte man eher in einem Schloss als in einem Hinterhof vermutet.

Heute ist nur noch der untere Saal im Erdgeschoss des Vor-
derhauses erhalten – im Hofsaal befindet sich seit 1991 das **Varieté Chamäleon**.

Das **Hackesche Hoftheater** im Hof II. ist eine Adresse für
jiddisches Theater und Musik.

Die Wohnungen der Höfe waren bereits mit Bad, Heizung
und Parkett ausgestattet. In ihnen wohnten oft die Händler
und Gewerbetreibenden der Gegend.

Im Ausgang Sophienstr Nr. 6 ist der „Sophienclub" beheimatet: Ein Domizil der Jazzfreunde.

Die Sophienstraße

stammt aus dem letzten Drittel des 17. Jh. (ehem. Ihdengasse –
seit 1837 heutiger Name) und zeigt echte Kleinstadtatmosphäre.

Die Straßenenge des 18. Jh. ist nachvollziehbar. Viele Häuser
haben den Krieg überdauert. 1981–87, vor der 750-Jahr-Feier
Berlins, wurden sie aufwendig und mit denkmalspflegerischem

Einfühlungsvermögen re-
konstruiert. Diese Straße
bietet seltenen Gewerken,
dem Kunsthandwerk oder
kleinen Restaurants ei-
nen Platz.

Nr. 2 und 3 sind Häu-
ser von 1881/82 (Pfarr-
häuser der Sophienge-
meinde). Die Fassaden

von Nr. 3 bis Nr. 11 sind in besonderer Weise beachtenswert und meist klassizistisch. Im Inneren sind handwerkliche Treppenhäuser erhalten.

Nr.11 ist das älteste Gebäude der Straße, es wurde um 1800 erbaut.

Das **Handwerkervereinshaus** Nr. 17/18 wurde 1864 für Bildungszwecke erbaut. Der Eingang ist mit Terrakottaschmuck von 1904 reich geschmückt.

Hier lag 1848 die Keimzelle der deutschen Arbeiterbewegung. Das Symbol der sich reichenden Hände ist noch über der Eingangs-Mittelsäule zu sehen.

In den große Säle mit bis zu 3000 Plätzen, sprachen August Bebel, Wilhelm und Karl Liebknecht, Rosa Luxemburg und Wilhelm Pieck (s. Gedenktafel), aber auch später Nazi Reichsprobaganda Minister Goebbels.

Ab 1939 wurden hier Zwangsarbeiter untergebracht und ab 1945 zogen Werkstätten für Bühnendekoration der Berliner Bühnen ein.

Heute befindet sich die deutsch-niederländische Künstlerinitiative „Sophiensäle" für Theatergruppen und Off-Scene in den Räumen.

Die Sophienkirche

wurde 1712 von Königin Sophie Luise (3. Gemahlin von Friedrich I.) gestiftet. Architekt war Johann Friedrich Grael. Man nannte sie auch Mutterkirche des Nordens.

1732-34 ließ Friedrich Wilhelm I. einen Frontturm vorsetzen. Es ist Berlins einzig erhaltener Barockturm. Er war das Prunkstück der Kirchenarchitektur der damaligen Zeit, auch „Zeigefinger Gottes" genannt, der die Stadtsilhouette dominierte.

Von Architekturkritikern wurde er damals hoch gelobt, aber der Baumeister erhielt keine königliche Anerkennung.

Seit 1712 existiert der Kirchhof. Persönlichkeiten der Berliner Kulturgeschichte sind hier bestattet wie:

» F. J. Koepjohann (gest. 1792) – Schiffbaumeister vom Schiffbauer Damm und Wohltäter der Sophiengemeinde, er schenkte der Kirche die Orgel.
» Karl Wilhelm Rammler (1725–1798) – Dichter und Professor, Beherrscher des Versmaßes.
» Karl Friedrich Zelter – Musiker, Bauherr der Singakademie (1758–1832) und Goethefreund, Lehrer von Felix Mendelssohn-Bartholdy.

» Anna Luise Karsch (genannt die Karschin) (1722–91) – Dichterin und erste Frau Preußens, die mit Lyrik ihren Lebensunterhalt verdiente (Gedenktafel an der Kirchen-Nordwand).

Die Gräberreihe am Zaun zur Sophienstraße umfasst Ziviltote des 2. WK – die Namen sind zum Teil unbekannt (je Grab sind mehrere Tote bestattet).

Die Gipsstraße

Sie ist eine der ältesten Straßen der Spandauer Vorstadt und bestand schon, bevor Friedrich I. durch Hacke das moderne Straßennetz anlegen ließ.

Der Name ist von der ehemaligen Gipsbrennerei auf Grundstück Nr. 18 abgeleitet.

Am Haus Nr. 3 erinnert eine Tafel an der Hauswand an die Gruppe Herbert Baum, eine bekannte deutsch-jüdische Widerstandsgruppe. Die Wohnung im Haus war ihr Treffpunkt. Sie organisierten 1942 u. a. einen Brandanschlag gegen die Nazi-Propagandaausstellung „Das Sowjetparadies" die unerträgliche Lebensbedingungen bei Kommunisten suggerierte (ein Gedenkstein dazu befindet sich am Lustgarten an der Straßenfront).

Ein Kleinod ist das Haus Nr. 11 von 1790 mit einem ovalen Holztreppenhaus – auch der Hof ist beachtenswert.

Am Ende der Straße befanden sich ehemals das Armenhospital und der Armenfriedhof (heute Koppenplatz) der Spandauer Vorstadt.

Koppenplatz

benannt nach Christian Koppen, Berliner Stadthauptmann um 1704/05, Gründer des Armenhospitales und -friedhofes. Sein Ehrengrab befindet sich seit 1721 auf dem Friedhof.

1839/40 wurde der Friedhof aufgegeben und 1835 als Koppenplatz gestaltet.

1855 wurde Koppens Grabstätte von August Stüler als einziges Straßengrab Berlins gestaltet (in der Hausfront, ausgangs der Großen Hamburger Straße – Bild siehe Seite 134).

Am nördlichen Platzrand liegt „Der verlassene Raum", ein Symbol des überstürzten Aufbruchs, der Flucht oder Deportation. Das ist ein Denkmal für die ermordeten Juden Berlins, 1988 zum 50. Jahrestag des Novemberpogroms vom Magistrat veranlasst, jedoch erst 1996 durch Carl Biedermann und Eva Butzmann realisiert.

Die Fußbodenumschrift stammt von der jüdischen Literatur-Nobelpreisträgerin und Dichterin Nelly Sachs. (geboren 1891 in Berlin – gestorben 1970 in Stockholm):

> „Oh die Wohnung des Todes/ Einladend hergerichtet/Für den Wirt des Hauses, der sonst Gast war – Oh ihr Finger/die Eingangsschwelle legend – wie ein Messer zwischen Leben und Tod – Oh ihr Schornsteine – Oh ihr Finger – Und Israels Leib im Rauch durch die Luft!"

Dominierender Bau des Platzes ist die 1902 bis 1907 nach Plänen des Stadtbaurats Ludwig Hoffmann errichtete **1. Gemeindeschule** (siehe Informationstafel im Durchgang zum Schulhof).

Große Hamburger Str.

Hier und in der Oranienburger Straße befanden sich ehemals die Salons der Spandauer Vorstadt.

Auch diese Straßen zeugten vom Zusammenleben von Juden, Katholiken und Protestanten.

Theodor Fontane wohnte 1835/36 ein Jahr in Nr. 30/30a im Erdgeschoß in einem Neubau Doppelhaus zum „Trockenwohnen" (heute ein Haus von 1901–05, das zur Sophiengemeinde gehört. Nr. 28–31 mit Durchgang zur Sophienkirche). Mitbewohner war auch die Familie des Kommissionsrates Kummer mit der Adoptivtochter Emillie Rouanet-Kummer, die Fontane hier kennenlernte – seine spätere Ehefrau.

St.-Hedwigs-Krankenhaus

Dies ist ein Bau von 1888/89 nach Plänen des Dombaumeisters Vinzenz Statz als Hospital für Altersschwache.

Genau wie die Hedwigs-Kathedrale ist es nach der Schutzpatronin der Schlesier benannt, der Gemahlin des schlesischen Heinrich I., die sich im 12. Jh. für die Armen- und Krankenpflege einsetzte.

Obwohl es ein katholisches Krankenhaus war, versteckten die Schwestern in der NS-Zeit viele Juden und retteten so manchen das Leben.

Nr. 15/16 – „**The Missing Hous**" genannt. Eine Bombenlücke von 1945.

1990 brachte der französische Künstler Christian Boltanski Namensschilder der Nazi-Opfer mit Berufen und Deportationsdatum an beiden Giebeln an (denkmalgeschützt).

Nr. 27 die ehemalige **Jüdische Knabenschule** 1778 wurde sie auf Initiative von Moses Mendelssohn durch David Friedländer und Isaak Daniel Itzig finanziert und als Jüdische Freischule gegründet. Es wurden religiöser Unterricht und Vorbereitung auf die kaufmännische Laufbahn mit Fächern wie Rechnen, Buchhaltung, Deutsch und Französisch durchgeführt.

Der Unterricht wurde 1819 verboten und erst 1826 neu durch die jüdische Gemeinde eröffnet.

Lernen ist im Judentum lebenslange religiöse Pflicht – vor allem tägliches Lesen in Tora und Talmud.

Moses Mendelssohn betrieb jüdische Aufklärung und setzte sich stark für die Erweiterung des Bildungshorizonts ein.

1905/06 erfolgte ein Schulneubau durch Architekt Johann Honniger.

1942 wurde die Schule von den Nazis geschlossen und als Sammellager für KZ-Transporte eingerichtet.

In DDR-Zeit erfolgte die Nutzung als kaufmännische Berufsschule, seit 1993 ist sie wieder eine jüdische Oberschule.

1983 wurde eine Tafel mit dem Relief von Moses Mendelssohns und seinem Lebensmotto angebracht:

„Nach Wahrheit forschen, Schönheit lieben, Gutes wollen, das Beste tun".

Grundstück Nr. 26 war ehemals das **Jüdische Altersheim.**

Es wurde 1827 in der Oranienburger Str. gegründet und 1844 in der Großen Hamburger Straße neu gebaut.

Die Gestapo missbrauchte es als wichtigstes Deportations-Sammellager. Die Zimmer und Keller wurden zu Gefängniszellen. Das Haus wurde im 2. WK durch Bomben zerstört.

Heute befindet sich an der Stelle eine Gedenktafel, vor der seit 1996 jährlich am Holocaust-Gedenktag die 55 696 Namen der in der NS-Zeit ermordeten Berliner Juden verlesen werden.

Daneben findet man eine Figurengruppe, eine Modellfassung von Frauen- und Mädchenfiguren, ein Werk von Mark und Will Lammert – (siehe Bild auf Seite 138) – das Original war ehemals für das Frauen-KZ Ravensbrück gedacht.

Der **Jüdische Friedhof** wurde 1672 gegründet (ältester jüdischer Friedhof Berlins).

Hier wurden berühmte jüdische Persönlichkeiten begraben:

» Rabbiner *David Fränkel* (1762),
» Seidenfabrikant *Isaak Bernhard* (1768),
» Münzpächter *Veitel Heine Ephraim* (1775),
» Philosoph *Moses Mendelssohn* (1786),
» Bankier *Daneiel Itzig* (1799) und Bruder *Isaak Daniel Itzig*
» (1803) Zuckerfabrikant
» Architekt und Baumeister *Jakob Herz Beer* (1825),

Mendelssohns Grabstein wurde inzwischen viermal erneuert. Der alte Stein wurde 1880 durch einen größeren, 1962 durch einen schlichten Quader an der vermutlichen Grabstelle und 1990 wegen Verwitterung durch den heutigen ersetzt.

Die Inschrift des ersten Steines lautete: (Hebräisch auf der Rückfront)

„Hier ist begraben der Weise Rabbi Moses aus Dessau. Er ist geboren am zwölften Elul (Aug./Sep.) 5488. Er ist heimgegangen am vierten Tag (Mi.), dem fünften Schewat. Und er wurde begraben am anderen Morgen, am fünften (Do.), dem sechsten desselben 5546. Es sei seine Seele eingebunden im Verbund des Lebens."

Seit 1827 ist der Friedhof aus Kapazitätsgründen geschlossen.
Über 12 000 Gräber verzeichnet das Grabregister.

1943 zogen die Nazis hier Bombengräben.

Ende des 2. WK legte man Massengräber für zivile und militärische Opfer (auch SS-Angehörige) an (siehe Gedenktafeln an der Ostmauer).

Oranienburger Straße

Sie markierte den ehemaligen Land- und Heerweg des Mittelalters von Berlin nach Spandau. Die Straße war später das Zentrum des jüdischen Mittelstandes.

Am Anfang des Monbijou-Parks steht die Büste des romantischen Dichters **Adelbert v. Chamisso** (1781–1838), ehemaliger Page bei Königin Luise (Gattin Friedrich Wilhelm III.) im Schloss Monbijou.

Die Grundstücke Nr. 24–27 hießen bis ins 18. Jh. „Schinderberg" nach dem dortigen Stadtgalgen. Lange wollte niemand auf dem blutgetränkten Gelände zwischen Krausnick- und Tucholskystraße bauen.

Grundstück Nr. 27 zeigt eine vollständig erhaltene Bebauung. Ab 1799 wurde nur der hintere Teil bebaut. 1840 folgte der Bau des dreigeschossigen Wohnhauses an der Oranienburger Straße. Der Balkon über der Durchfahrt im Innenhof ist ein Meisterwerk des Metallkunstgusses.

Anfang des 19. Jh. wurde es als „Tabagie" (Gaststätte, in der geraucht werden durfte) angelegt. Der Komplex dokumentiert die Epoche der Architektur und Baugeschichte nach Schinkel.

1858 wurde die Wasserleitung gelegt und 1866 der Gasan-
schluss. In den 1880er-Jahren entstand die Kanalisation und
die Hoftoiletten verschwanden.

Nach dem 2. WK weitgehendst leerstehend, diente es ab 1991
als Areal für Galerien und Künstlerwohnungen. 1996 bis 1998
wurde es durch die Kunsthof GmbH rekonstruiert.

Monbijou- Schloss

Im Jahr 1703 wurde es von Eosander von Göthe als Lusthaus im
spätbarocken Stil für Gräfin Wartenberg (Mätresse von Friedrich I.) erbaut.

1740 wurde es von Georg Wenzeslaus von Knobelsdorff im
Auftrag von Friedrich II. um zwei Flügelbauten erweitert. Es wurde vorwiegend durch Kurfürstinnen und Königinnen genutzt.

1819/1820 fanden im Monbijou-Schloss erste szenische Aufführungen der Stücke „Im Studierzimmer" von Johann Wolfgang
von Goethes „Faust" zur Musik von Fürst Anton Radziwiłł statt.

Ab 1877 beheimatete das Schloss das Hohenzollernmuseum.

Es wurde im 2. WK schwer beschädigt und in den 1960er-
Jahren abgerissen.

Nach dem Monbijou-Park findet sich das ehemalige **Hauptte-
legraphenamt** (gegenüber der Synagoge).

1910–13 bildete es das Herz des Europäischen Telegraphen-
verkehrs.

Das älteste Gebäude der Straße rechts daneben wurde 1789–
91 als „Große Landes-**Freimaurerloge** Deutschlands" (Mutter-
loge zu den drei Weltkugeln) erbaut.

Der Gesamtblock dieser Gebäude wird heute als „MOTZ-
Block" nach **M**onbijou-, **O**ranienburger-, **T**ucholsky- und **Z**ie-
gelstraße bezeichnet.

Nach 1990 erwarb ihn Ernst Freiberger (Münchner Pizza-
produzent). Er realisiert an der Stelle mit der Hanseatic-Grup-
pe eine Art Grandhotel. Die ehemaligen Posthöfe sollen à la
Hackesche Höfe als Kunsthöfe mit Ladenlokalen belebt werden.

Neue Synagoge

1859–66 erfolgte der Bau der Neuen Synagoge durch Architekt Eduard Knoblauch in der Oranienburger Straße im maurischen Stil mit imposanter golden und blau leuchtender Kuppel.

3200 Gläubige fasste die dreischiffige Kirche (1800 Männer im Betraum, 1400 Frauen auf der Galerie).

Sie war das Zentrum der Reformjuden, d. h. es gab auch eine Orgel und deutschsprachigen Gottesdienst.

Kantor Louis Lewandowski (ab 1866) komponierte eine eigene Liturgie und führte öffentliche Konzerte ein.

Am 29. Januar 1930 spielte auch Albert Einstein mit Alfred Lewandowski Violinen-Duos von Händel und Bach.

Die Inschrift über den Toren lautete:

> *„Öffnen die Tore, und es kommt das gerechte Volk, das die Treue wahrt."*

Zur Pogromnacht am 9. November 1938 begannen SA-Angehörige Feuer zu legen. Der Polizei-Revier-Vorsteher Wilhelm Kürzfeld alarmierte die Feuerwehr, die den Brand löschte. Kürzfeld bewahrte so die Synagoge vor der Zerstörung.

1943 wurde sie durch Bomben-Volltreffer schwer beschädigt.

Wegen Einsturzgefahr wurde 1958 die Ruine der Haupthalle bis auf die Außenfassade abgetragen.

1988 begann der Wiederaufbau. Die hinteren Teile gingen verloren. Der Kopfbau wurde ab 1988 wieder erstellt und 1991 wurde die Kuppel originalgetreu wieder aufgesetzt.

1988 erfolgte die Gründung der Stiftung Neue Synagoge Berlin und des Zentrums Judaicum.

Nr. 32: Heckmann Höfe

Dies sind drei Höfe, die bis zur Auguststr. Nr. 9 reichen. 1805 erwarb der Großindustrielle Friedrich Wilhelm Heckmann den Komplex (Maschinen- und Apparatebau).

1819 eröffnete Carl Justus Heckmann eine Kupferschmiedewerkstatt. 1858 wurden Remise und Pferdestall im zweiten Hof erbaut (heute Restaurant).

1887 erfolgte der Abriss des Vorder- und Seitenbaus und der Neubau des ersten Hofes.

1997–2000 folgte eine Rekonstruktion der Gebäude. Sie befinden sich weiter im Eigentum der Heckmannschen Erben.

Heute sind die Höfe ein Wohn- und Gewerbekomplex. Somit dienen sie als Beispiel für die heutige Nutzung ehemaliger Hinterhöfe mit Gastronomie, **Bonbonfabrik**, Kunst, Handwerk und Handel.

Theodor Fontane war mit Friedrich August Heckmann befreundet und ließ sich von dessen Schwägerin zur Hauptfigur seines Romans „Frau Jenni Treibel" anregen.

Das Postfuhramt

wurde 1875–1881 durch Curt und Wilhelm Tuckermann an Stelle des alten Postillion-Hauses erbaut.

Es entstanden Büros, ein Postamt, ein Telegrafenamt, ein Ingenieurbüro, Unterrichtsräume, Wohnungen und ca. 200 Pferdeställe in zwei Stockwerken (die Tiere wurden mittels Seilwinde angehoben).

Eine mächtige orientalische Kuppel und Terrakotta-Reliefs charakterisieren das Gebäude.

25 Porträt-Medaillons an der Fassade sind Männern gewidmet, die sich seit der Antike um das Transport-, Post- und Nachrichtenwesen verdient gemacht haben. Darunter sind beispielsweise:

» Historiker Herodot 484–425 v. d. Z. (wesentliche Infos zur Antike)
» Gutenberg 1394–1468 (Erfinder der bewegten Lettern)
» Marco Polo 1254–1323 (Großer Reisender)
» Christopher Kolumbus 1451–1506 (Entdecker Amerikas)
» Nikolaus Kopernikus 1473–1543) (Entdecker des modernen Weltbildes)
» Luigi Galvani 1757–1798 (Entdecker der Elektrizität)
» Georg Stephenson 1781–1848 (Erbauer der ersten Lokomotive)
» S. F. B. Morse 1791–1872 (Begründer der Telegrafie)
» E. Werner v. Siemens 1816–1892 (Erfinder des Telegraphenapparats)

Hier bestand eine der ersten Rohrpostanlagen Berlins mit Kessel- und Maschinenhaus.

Ab Juli 2001 begannen Sanierungsarbeiten für eine neue Nutzung des Gebäudes.

Tucholskystraße

Haus Nr. 40 ist das Gemeindezentrum und Synagoge der Gemeinde **Adass-Jisroel,** die 1869 gegründet wurde und seit 1885 selbstständige Religionsgemeinschaft der jüdischen Orthodoxie ist. Die Gemeinde hat seit 1880 einen eigenen Friedhof in Weißensee (Witticher Straße).

Die Gestapo löste die Gemeinde 1939 auf. Die Synagoge im Hinterhof wurde im 2. WK zerstört. Schließlich erfolgte im Dezember 1989 eine Neugründung und Einrichtung einer neuen Synagoge.

Haus Nr. 9/10: Das **Leo-Baeck-Haus** ist der Sitz des **Zentralrats der Juden in Deutschland.**

1819 wurde der „Verein für Cultur und Wissenschaft der Juden" im Haus gegründet, dem auch Heinrich Heine und Franz Kafka angehörten. (Gründer: Leopold Zunz und Eduard Gans),

1870 erfolgte die Gründung der Akademischen Hochschule „Wissenschaft der Juden" mit Seminaren für Rabbiner und Lehrer (auch für Frauen zugelassen). Sie stellte eine der wichtigsten jüdischen Bildungs-Einrichtungen dar. Leo Baeck unterrichtete hier.

1907 erfolgte ein Neubau des Hauses.

1934 verboten die Nazis den Verein und vertrieben die Mitglieder 1941 aus dem Gebäude.

1999 wurde das Gebäude an die Jüdische Gemeinde zurückgegeben und saniert.

Auguststraße

1708–1723 als Arme-Sünder-Gasse benannt, später als Hospitalstraße, die damals vor der Stadtmauer verlief. 1833 wurde sie nach Prinz August von Preußen umbenannt.

Haus Nr. 11–13 ist ein Bau des jüdischen Architekten Alexander Beer. Er diente 1927–42 als Wohlfahrtsamt der jüdischen Gemeinde und jüdische Mädchenschule.

Haus Nr. 14–16 wurden von Architekt Eduard Knoblauch erbaut.

1861 zog das Krankenhaus der jüdischen Gemeinde hier ein. Es war 1756 in der Oranienburger Straße gegründet worden. 1914 wurde es nach Wedding verlegt.

Im Haus befand sich ab 1914 die soziale und kulturelle Einrichtung „AHAWAH" (Liebe), ein Heim für Flüchtlingskinder Osteuropas (es wurde 1934 nach Palästina verlegt). Ab 1942 richteten die Nazis ein Sammellager im Hintergebäude ein. Heute ist das Haus rückübertragen und wird wieder für soziale Zwecke genutzt.

Haus Nr. 21 ist ein roter Backsteinbau und ehemalige zehnte Realschule. Zu DDR-Zeiten diente es als elfte Polytechnische Oberschule, jetzt ist es Teil der Ersten Gemeindeschule vom Koppenplatz.

Haus Nr. 69 war ehemals eine Margarinefabrik. Seit 1991 fungiert es als Sitz des Kunstwerke Instituts for Contemporaty (KW e. V.) – ein Mittelpunkt der internationalen Kunst im Osten mit Ateliers für Gast-Künstler*innen und Ausstellungshallen sowie dem Café „Bravo".

Darüber hinaus gab es in der Auguststraße mehrere jüdische Einrichtungen, die in der Nazizeit zerstört wurden.

Interessante Galerien sind heute hier zu finden und man kann in den Hinterhof der Neuen Synagoge schauen, wo ehemals die Haupthalle stand.

In **Nr. 24/25** befindet sich ein Luxus-Hotel von 1913 mit altem Unterhaltungs-Etablissement, **Clärchens Ballhaus.**

Am Ende der Straße befindet sich der alte **Garnisonsfriedhof** (Kleine Hamburger Straße) der einige interessante Gräber zu bieten hat. Eine Infotafel am Eingang gibt Auskunft.

6

DAS BERLINER REGIERUNGSVIERTEL

Das ist ein Viertel Berlins, das nach der Wiedervereinigung Deutschlands für Bundestag und Regierung der Bundesrepublik zum Teil neu entstanden ist.

Reichstagsgebäude

Der Bau entstand 1884–94 durch den Architekten Paul Wallot.

1916 erhielt der Eingangsrisalit die Fassadenschrift „Dem Deutschen Volke".

1918 rief hier Scheidemann die Freie Deutsche Republik aus.

1933 bereitete Hitler mit dem Reichstagsbrand seine Ermächtigung vor.

1945 hissten Soldaten der Roten Armee die Sowjetflagge zum Zeichen des Sieges über Nazideutschland.

In den 1960er-Jahren wurde der Bau in modernisierter Form wiederhergestellt und für Ausstellungen sowie Sonderveranstaltungen genutzt.

1990, am 3. Oktober, fand vor dem Reichstag die deutsche Wiedervereinigungsfeier statt.

1991 fasste der Deutsche Bundestag den Beschluss, seinen Sitz nach Berlin zu verlegen. Danach begannen der Umbau und die Gestaltung der neuen Kuppel durch den Architekten Sir Norman Forster. Die neue Kuppel hat einen Durchmesser von 40 m und ist begehbar.

1999 war der Umbau abgeschlossen und der deutsche Bundestag zog ein. Die erste Sitzung fand am 19.04 1999 statt.

1995 schuf das französische Umhüllungskünstler-Ehepaar Christo und Jeanne-Cloud mit der Umhüllung des Reichstages durch ein aluminiumbeschichtetes Polypropylen-Gewebe ein international bekanntes Kunstwerk. Vom 24. Juni bis 7. Juli war das gesamte Gebäude umhüllt.

Gegenüber der Rückfront des Reichstagsgebäudes befindet sich das

Reichstagspräsidentenpalais

Es wurde ebenfalls von Paul Wallot 1899–1904 erbaut.

Dieses Gebäude umfasst mehrere Repräsentativräume, ist Sitz der parlamentarischen Gesellschaft und hat ein Kaminzimmer für Zusammenkünfte der Ministerpräsidenten der Länder.

Zwischen Reichstag und Reichstagspräsidentenpalais verläuft unterirdisch ein Verbindungsgang, wo oberirdisch die Zollgrenze im 17. Jh. und auch ab 1961 die Berliner Mauer lag. Letzteres kann man durch einen eingelassenen Streifen im Pflaster erkennen.

Reichstags-Präsidentenpalais mit links angrenzendem Neubau, das Jacob-Kaiser-Haus

Jakob-Kaiser-Haus

Es schließt direkt an das Reichstagspräsidentenpalais an.

Benannt ist es nach dem Mitbegründer der CDU, 1949–1957 Minister für Gesamtdeutsche Fragen.

Dieses Gebäude wurde vom Architekten van den Valentyn mit Beteiligung weiterer Planungsbüros gebaut: Schweger, Bussmann & Haber, Gerkan sowie Marg & Partner. Ältere Bauten wie das Haus der Kammer der Technik und das Bank-Haus Dorotheenstraße 105 wurden einbezogen.

Es beherbergt Büros für 395 Abgeordnete, die Vizepräsidenten, Verfügungsräume für Bundestag und Bundesrat, die Untersuchungsausschüsse, den Parlamentsdienst und das Pressezentrum sowie Dienstleistungseinrichtungen.

Band des Bundes Eine Idee von Axel Schultes und Charlotte Frank 1993 war es, ein geschlossenes Band an Bundesbauten in einer Breite von 102 m über einen Spreebogen anzulegen. Der Baubeginn war 1997, die Fertigstellung erfolgte Anfang 2002.

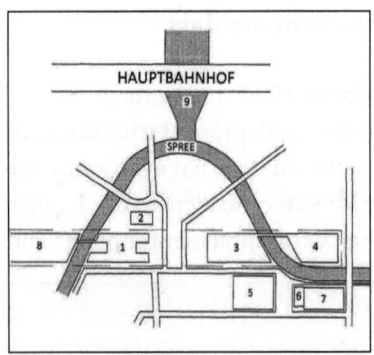

Das Band des Bunds umfasst die Blöcke 1, 3, 4 und 8 (gestrichelte Umrandung)
1 Bundeskanzleramt, 2 Botschaft der Schweiz, 3 Paul-Löbe-Haus, 4 Marie-Elisabeth-Lüders-Haus, 5 Bundestag (Reichstag), 6 Reichstagspräsidenten-palais, 7 Jakob-Kaiser-Haus, 8 Erweiterung für das Bundeskanzleramt und Hubschrauberlandeplatz, 9 Humboldthafen

Zur Historie:

Bis ins 17. Jahrhundert prägten Wiesen den Spreebogen. Der Soldatenkönig Friedrich Wilhelm I. ließ einen Parade- und Exerzierplatz anlegen. Mitte des 19. Jahrhunderts gestaltete der königlichen Gartenarchitekt Peter Joseph Lenné den Platz als „freien öffentlichen Tummelplatz", genannt Königsplatz. In der Nähe wurden Leinwandzelte als Vergnügungslokale betrieben: „In den Zelten" genannt, waren sie als Berliner Ausflugsziel und politischer Versammlungsplatz bekannt.

Nach 1933 sollte der Spreebogen im Rahmen der „Welthauptstadt Germania"-Idee zum „Großen Platz" mit der „Großen Halle" für bis zu 180 000 Menschen umgestaltet werden.

Nach dem 2. WK fanden viele politische Kundgebungen Berlins für die Freiheit dort statt.

Ein **Bürgerforum** zwischen Bundeskanzleramt und Paul-Löbe-Haus ist bisher nicht gebaut, stattdessen erfreuen heute Wasserspiele auf der Freifläche die Besucher.

Marie-Elisabeth-Lüders-Haus

Es ist benannt nach einer Abgeordneten, die 1953–61 Alterspräsidentin des Bundestages und Stadtverordnete Berlins war und die sich als FDP-Vertreterin für soziale Themen sowie Frauenfragen engagiert hat.

Im Haus befinden sich Funktionsbereiche des Parlaments wie die Bibliothek und das Archiv, der Infodienst, der Anhörungssaal, der wissenschaftliche Fachdienst u. a.

Die Dächer des Marie-Elisabeth-Lüders-Hauses und des Paul-Löbe-Hauses sind so gestaltet, als habe die Spree sie durchschnitten (siehe Bild).

Links Paul-Löbe-Haus
und rechts
Marie-Elisabeth-Lüders-Haus
mit Brückenverbindung

Die Verbindung zwischen beiden Gebäuden wird durch eine Fußgängerbrücke geschaffen. Im Volksmund wird sie „Beamtenlaufbahn" genannt.

Paul-Löbe-Haus

Es ist benannt nach dem SPD-Politiker, der 1920–32 Präsident des Reichstages und 1945 am Wiederaufbau der SPD beteiligt sowie 1949–53 als SPD-Vertreter Berlins im Bundestag fungierte. Seit 1955 ist er Ehrenbürger Berlins.

Architekt dieses Hauses war Stephan Braunfels aus München. Der Bau besteht aus 550 Büroräumen für 275 Bundestagsabgeordnete, Büroräumen für Ausschusssekretariate und 21 Ausschuss-Sitzungssälen in den Zylindertürmen zu beiden Gebäudeseiten.

Im Gebäude sind die Tagungsorte der Bundestagsausschüsse und ein Europasaal für den Europaausschuss, das Zentrum des

Besucherdienstes und die Öffentlichkeitsarbeit untergebracht.

Ein Restaurant befindet sich in der Rotunde zur Spree im 1. OG für Besucher und im Erdgeschoss für Abgeordnete. Im Erdgeschoss kann man stets viele bunte Leuchten sehen, die nicht nur mich an „Erichs Lampenladen" im Palast der Republik erinnern.

Am Ende des Bands des Bundes befindet sich das

Bundeskanzleramt

Dies ist ein preisgekrönter Wettbewerbsentwurf von Axel Schultes und Charlotte Frank von 1993/95.

Baubeginn war im Februar 1997, die Schlüsselübergabe erfolgte am 02.05.2001.

Der Zentralbau ist neungeschossig (36 m hoch) und hat zwei Tiefgeschosse (200 Garagenplätze).

Es ist der Sitz des Bundeskanzlers beziehungsweise der Bundeskanzlerin, der Staatsminister und des Chefs des Kanzleramtes. Weiter sind zwei Kabinettsäle, ein Bankettbereich, mehrere Sitzungsräume, das Archiv und ein Saal für internationale Konferenzen vorhanden.

Der Ehrenhof ist die Zeremoniellfläche für Staatsbesuche vor dem Haupteingang. Darin befindet sich die Skulptur „Berlin" des baskischen Bildhauers Eduardo Chillida.

Im Inneren findet man ein Ehrenfoyer und eine großzügige Treppengestaltung mit der Bronze „Die Philosophin" von Markus Lüpertz.

Die Amtsbüros befinden sich in den fünfgeschossigen Anbauten zu beiden Seiten des Zentralbaus (18 m hoch). Die Bürohäuser sind jeweils mit einem Wintergarten verbunden (zwölf Wintergärten).

Der Kanzlergarten liegt an der Spreeseite, eine Grünfläche, die auch als Hubschrauberlandefläche für Staatsgäste der höchsten Sicherheitsstufe genutzt wird, mit einer Verbindungsbrücke zum Kanzlerpark über die Spree. Dort befindet sich auch der große Hubschrauberlandeplatz.

Gegenwärtig wird auf der gegenüber liegenden Spreeseite der Erweiterungsbau konzipiert.

Nördlich vom Bundeskanzleramt steht das Gebäude der

Botschaft der Schweiz.

Es 1870/71 für deutsche Großindustrielle gebaut worde. 1919 kaufte die Schweiz das Palais für ihre Gesandtschaft.

Ende des 2. WK diene es der Roten Armee als Kommandopunkt zur Erstürmung des Reichstages und hat so den Krieg unbeschadet überstanden.

Nach dem Krieg nutzte die Schweiz den Bau für die Organisation der Rückführung Schweizer Bürger aus dem Osten.

Nach beschlossenem Umzug der Regierung der Bundesrepublik nach Berlin ließ die Schweiz das Palais sanieren und mit einem Ostflügel-Neubau ergänzen. Seit der Fertigstellung 2002 ist hier die Botschaft der Schweiz.

Hinter dem Skulpturenpark an der Querallee steht ein Turm, der

Carillon

1987 wurde er erbaut von den Architekten Bangert, Jansen, Scholz und Schultes. Dieser Turm wurde von der Daimler-Benz AG zur 750-Jahr-Feier Berlins gestiftet.

Er ist 40 m hoch und hat 68 Glocken aus einer holländischen Werkstatt, die größte ist 20 Tonnen schwer.

Das Spielen erfolgt mittels Holzklaviatur mit Händen und Füßen im Seilzugprinzip.

Konzipiert wurde es vom noch Anfang der 2020er Jahren dort spielenden Amerikaner Jeffrey Bossin, der über 400 Kompositionen dafür transponierte. An besonderen Feiertagen spielt er stundenlange Konzerte.

Weiter in Richtung der Spree folgt das

Tipi am Kanzleramt

Es ist ein Zelt-Theater in Anlehnung an die „In den Zelten" des 20. Jh. für Cabarets, Konzerte, Musicals oder Varietés. Mit 550 Sitzplätzen ist es die größte stationäre Zeltbühne Europas.

Darauf folgt das

Haus-der-Kulturen-der-Welt

Es wurde 1956–1957 vom Architekten Hugh Stubbins erbaut (er war einst Assistent von Walter Gropius).

Die Kongresshalle war der amerikanische Beitrag zur Internationalen Bauausstellung 1957. Wegen ihrer Lage an einem Wasserbecken und der geschwungenen Dachform nannten die Berliner ihre Kongresshalle „Schwangere Auster".

Rost an den im Beton eingelassenen 1000 Stahlstreben führte 1980 zum Einsturz eines Teils des frei hängenden Daches und begrub einen Journalisten. Der Wiederaufbau erfolgte 1986–1987.

Heute finden im Haus-der-Kulturen-der-Welt wechselnde Ausstellungen und Musikabende mit internationaler Beteiligung statt.

Im linken Wasserbassin davor spiegelt sich die Bronzeplastik „Big Butterfly" von Henry Moore.

Weiter entlang der Spree folgt das

Schloss Bellevue

Es wurde 1786 vom Architekten Philipp Daniel Boumann für Prinz August Ferdinand erbaut, den jüngsten Bruder Friedrich II.

Später diente es als Völkerkundemuseum und danach als Gästehaus des Deutschen Reiches.

Im 2. WK wurde es schwer beschädigt und 1954–59 wieder originalgetreu aufgebaut.

Seit 1994 ist es ständiger Sitz des **Bundespräsidenten.**

Der englische Feuermelder ist ein Zeugnis aus der Zeit der britischen Besatzungszone nach 1945

7

DER TIERGARTEN – BERLINS GRÜNE LUNGE

Als leidenschaftlicher Jäger kaufte Kurfürst Johann Cicero (1455–1499) von den Berliner Bauern Teile des unmittelbar vor den Toren der Stadt gelegenen Niederungsgeländes auf und legte so den Grundstein für den späteren Tiergarten [15].

1527 schenkte Cölln Kurprinz Joachim ein weiteres Areal des heutigen Tiergartens zur Anlage eines Tier- und Lustgartens.

Es war ein großer umzäunter Wald mit Wiesen und Sümpfen. Der Tiergarten begann damals dort, wo heute der Gendarmenmarkt ist und erstreckte sich in Richtung Westen.

Nach 1662 wurde dort viel Wald zur Anlage von Friedrichswerder und für die Verlängerung der „Linden" geschlagen.

Friedrich II. ließ den Zaun entfernen und den Tiergarten für die Bevölkerung öffnen. Ende des 18. Jh. gestaltete der Hofgärtner Sello die „Neuen Partien" als Landschaftspark mit Luisen- und Rousseau-Inseln sowie dem Park zu Schloss Bellevue.

Peter Joseph Lenné schuf 1832–39 Sichtachsen und im englischen Landschaftsstil den „Volkspark".

Regenten und Militärs stellten bis 1900 jede Menge „vaterländische Statuen" in der sogenannten Siegesallee auf. Das Nationaldenkmal Bismarcks, jenes des Generalfeldmarschalls von Moltkes oder des Kriegs-  ministers von Roons sind am Großen Stern noch heute vorhanden.

Im 2. WK und im Nachkriegswinter wurde der Baumbestand von 200 000 Bäumen bis auf 700 geschrumpft. Auch die Anlage von Gemüsebeeten gestatteten die Britischen Alliierten. Die Statuen der Siegesallee wanderten ins Lapidarium. Heute sind sie in der Zitadelle in Spandau zu besichtigen.

1949 begann auf Anregung des damaligen Bürgermeisters Ernst Reuter die Wiederaufforstung.

Die Straße des 17. Juni teilt den Tiergarten in einen nördlichen und einen südlichen Teil.

Nördlicher Teil des Tiergartens

Nördlich der Straße des 17. Juni steht das sowjetische Ehrenmal in Erinnerung an die etwa 80 000 toten Rotarmisten bei der Erstürmung Berlins.

Im nördlichen Teil schließt der **Englische Garten** an den Park zum Schloss Bellevue an.

Er gehörte unter Prinz August Ferdinand zum Schlosspark von Bellevue und wurde 1785 zum geometrisch gestalteten Barockgarten.

Auf Vorschlag des britischen Stadtkommandanten General Bourne wurde er 1951 als englischer Garten eingerichtet. Der Garten ist eine Erinnerung an die Zusammenarbeit zwischen Briten und Berlinern zur Blockade. Das britische Königshaus

spendete 5000 Gehölze, davon 76 aus den Privatgärten König Georgs VI.

Die Eröffnung am 29. Mai 1952 erfolgte mit Außenminister Antony Eden (deshalb im Volksmund auch „Garten Eden" genannt).

1965 pflanzte Elisabeth II. bei einem Besuch eine Eiche in der Nähe des 1955 errichteten Parkhauses, ein schilfgedecktes Teehaus (siehe Bild). Von Anfang Juli bis Ende August findet hier der Konzertsommer, sonntags mit Jazz und Klassik, statt.

Im Spreebogen befindet sich das

Hansaviertel

Berlin war von 1359 bis 1449 Mitglied der HANSE, das ist eine Berlin-Hamburger-Gesellschaft, die nach 1850 dieses Viertel im hanseatischen Stil errichtete.
Es ist 1943 durch Bomben weitgehend zerstört worden.

Zur **Interbau 1957** demonstrierten 43 Architekten aus 13 Ländern das Aussehen der „Stadt von Morgen". Egon Eiermann (Karlsruhe), Oscar Niemeyer (Rio de Janeiro), Max Taut (Berlin), Alvar Aalto (Helsinki) oder La Corbusier (Paris) schufen die verschiedensten Gebäude mit unterschiedlichen Konzepten und Fassaden, teils massive Baukörper auf Stelzen stehend, die an schwebende Luftschlösser erinnern.

Im Hansaviertel finden wir auch einen zweiten Ausstellungsbau der **Akademie der Künste** und das **Gripstheater**.

Am Ende der Bartningallee die

Moabiter Brücke

mit dicken Bären auf den Brückenköpfen. Von der Brücke hat man einen weiten Blick auf die Spreeufer mit den Neu- und Industriebauten von Moabit.

Rechts findet sich zuerst ein Halb-rund-Bau des Münchner Pizza-Produzenten Ernst Freiberger. Lange Zeit war das Innenministerium der Bundesregierung der Mieter.

Danach sehen wir rote Backstein-bauten, die ehemalige Meierei Bolle, die Berlin bis zum 2. WK mit Milch, Blockeis und Fisch versorgt hat. Heu-te sind sie für das Hotel Sorat nutz-bar gemacht.

Dem folgen helle Gebäude der Elektroindustrie sowie PC-Branche und zum Schluss die ehemalige Ge-treidemühle Schütt als technisches Denkmal an den Anfang des 19. Jh. Sie ist heute noch in Spandau an der Spreemündung beheimatet.

Am südlichen Brückenkopf des Hansaviertels liegt das Eckhaus mit der einzigen Baumkuchen-Bäckerei Berlins – die Conditorei Buchwald. Aber auch alle anderen Leckereien im Café sind eine besondere Ver-führung.

Im Hansaviertel finden wir auch den modernen Bau der

Kaiser-Friedrich-Gedächtniskirche

Der Vorgängerbau wurde im 2. WK weitgehend zerstört.

1957 erfolgte ein Neubau durch Ludwig Lemmer an gleicher Stelle.

Südlich vom Bellevue-Park befindet sich der **Große Stern** mit der **Siegessäule.**

Er war ehemals der Rastplatz auf dem Reitweg nach Charlottenburg.

Der Große Stern ist heute ein Kreisverkehr, von dem fünf Straßen abgehen. In seiner Mitte steht die **Siegessäule**.

Sie wurde 1873 von Johann Heinrich Strack im Gedenken an den militärischen Sieg gegen Frankreich 1870/71 errichtet.

Ihr ehemaliger Standort war der Königsplatz (heute Platz der Republik) vor dem Reichstag.

Die Säule ist 27 m hoch und mit 60 erbeuteten französischen Kanonen geschmückt, die dazu vergoldet wurden.

Die Siegesgöttin **Victoria** (Höhe: 8,30 m, Gewicht 35 t) stammt vom Bildhauer Friedrich Drake.

Von Hitler wurde 1938 zur Gestaltung seiner Reichshauptstadt „Germania" die Umsetzung zum Großen Stern veranlasst.

Man kann im Innern die Säule besteigen und hat unterhalb der Siegesgöttin einen schönen Rundumblick auf den Tiergarten und die Stadt Berlin.

Südlicher Teil des Tiergartens

Der südliche Teil des Tiergartens beginnt schon nach dem Brandenburger Tor. Viele Alleen durchziehen das durch Wald und teils große Wiesen gekennzeichnete Erholungsgebiet.

Südlich der Herkules-Statue befindet sich ein besonderes Quartier, die **Luiseninsel** mit dem Denkmal der in Berlin hochverehrten Königin Luise.

Ihr gegenüber steht die Statue ihres Gemahls König Friedrich Wilhelm III.

Die Skulptur der Königin Luise befindet sich inmitten schöner Blumenbeete. Sie wurde auf Bürgerbeschluss nach ihrer Rückkehr aus dem Exil in Ostpreußen durch Gottfried Schadow geschaffen. Das Denkmal von Friedrich Wilhelm III. stammt von Friedrich Drake (beide Originale befinden sich heute im Lapidarium. Hier stehen Betonabgüsse).

Nach Überquerung der Hofjägerallee, die vom Großen Stern abgeht, befinden sich zu beiden Seiten der Fasanenallee vier **Jagdszenen** in Bronze gegossen. Nahe dem Großen Stern sieht man die Eber- und die Büffeljagd (siehe Bild) und weiter südlich die Fuchs- und die Wisentjagd.

Zwischen den Jagdgruppen führt der Parkweg nach Westen über die **Löwenbrücke.**

Die markanten Löwen hat der Bildhauer Christian Friedrich Tieck 1838 geschaffen und die dekorative Brücke wurde von Architekt Ludwig Ferdinand Hesse damals als erste Berliner Hän-

gebrücke errichtet. Die Löwen sind bei August Borsig vor dem
Oranienburger Tor gegossen. 1957 wurde die kriegszerstörte
Brücke umfangreich in-
standgesetzt und restau-
riert, aber nicht wieder
als Hängebrücke gebaut.
2008–2014 folgte eine
weitere Instandsetzung.
Markant sind in die-
sem Teil des Tiergartens
die größtenteils von Hof-
gärtner Selo als „Neue

Partie" künstlich geschaffenen Wasserläufe und der Neue See.

Wählt man ab der Lichtensteinallee den nördlichen Weg um
den Neuen See, kommt man an der Rousseau-Insel und am Lieb-
knecht-Denkmal vorbei.

Die Rousseau-Insel

hat Herman Selo nach dem Vorbild des Pariser Parks Ermenon-
ville angelegt, wo Rousseau auf einer solchen Insel begraben
und zu seinem Andenken
eine Urne auf einem Pos-
tament errichtet wurde.
Die Berliner Urnenkopie
ist im 2. WK verschwun-
den, sodass nur noch das
Postament übrigblieb.

Zwei Gedenkstätten:
Am 15. Januar 1919 wur-
den Karl Liebknecht und Rosa Luxemburg von Offizieren der
Garde-Kavallerie-Schützen-Division misshandelt und ermordet.

Karl Liebknecht wurde am Neuen See erschossen. An der
Stelle steht seit 1987 eine gemauerte Denkmalsäule mit senk-
rechtem Namenszug.

Geht man die Lichtenstein-allee vorbei an der Botschaft Spaniens nach Süden, kommt man am Südufer des Land-wehrkanals direkt an der Lichtensteinbrücke an die Stelle, wo die Leiche von **Rosa Luxemburg** von ihren Mör-dern in den Kanal geworfen wurde. Dort befindet sich ihr Denkmal mit einer Erinne-rungstafel an der Ufermauer.

Gleichfalls grenzt hier der Berliner **Zoologische Gar-ten** an den Landwehrkanal. Dazu später mehr.

Geht man den nördlichen Weg am Landwehrkanal in Richtung Westen, beginnen bald **Gaslaternen** den Weg zu säumen.

Hier wurde 1978 ein Freilichtmuseum mit 103 europäischen Gaslaternen an 90 Positionen angelegt, die leider ständig von Vandalismus bedroht waren. 2021 wurde das Freilichtmuse-um aufgegeben.

Gaslaternen gab es in Berlin seit dem 20. September 1826. Da brannten sie erstmals entlang der Straße Unter den Linden.

Eigentlich ist das eine Ironie, denn die Entdeckung des Gas-lichtes machte John Clayton bereits 1691. Erst 1739 wurde die Erfindung in einer englischen Zeitschrift veröffentlicht und 1802 hatte ein Londoner Schmied – William Murdoch – seine Schmiede mit Gaslicht beleuchtet. Welch langer Weg!

Vordem brannten Öllampen (Hängefunzeln genannt) in den Straßen Berlins. 377 Laternenmänner hatten sie zu betreuen und nach einer „Ansteck- und Brennordnung" zu arbeiten. Beispielsweise wurden bei hellem Mondschein keine Funzeln entfacht.

Bis heute gibt es Gaslaternen in Berlin. Ende der 1990er-Jahre waren es noch 42 000, die die Straßen nachts erhellten.

Am Kreuzungspunkt des Weges kann man nach links über die Schleusenbrücke gehen, erlebt das Schleusen der Ausflugsschiffe, kommt zur Gaststätte „Schleusenkrug" und weiter zum S-Bahnhof Zoologischer Garten. Alternativ geht man am Kreuzweg nach rechts und gelangt zum S-Bahnhof Tiergarten.

Fünfflammige Charlottenburger
Gaslaterne

8

DIE CITY WEST

Rund um den Breitscheidplatz

Der **Breitscheidplatz** ist ein zentraler Platz in der City West. Er wurde nach dem Hobrechtschen Bebauungsplan von 1862 im Jahr 1889 angelegt und Gutenbergplatz genannt.

Damals war er ein Straßen-Kreis rund um die Kaiser-Wilhelm-Gedächtniskirche, von dem die Straßen strahlenförmig abgingen. 1892 wurde er nach der deutschen Kaiserin in Auguste-Viktoria-Platz umbenannt.

Im 2. WK zerstörten die angloamerikanischen Bomben fast das gesamte Umfeld des Platzes.

1947 erhielt er den Namen des ehemaligen Reichstagsmitglieds der SPD und Kriegsgegners Rudolf Breitscheid.

Beim Wiederaufbau Ende der 1950er-Jahre wurde der Kreisverkehr aufgegeben und eine neue Straßenführung realisiert. Mittelpunkt des Platzes ist auch heute noch die

Kaiser-Wilhelm-Gedächtniskirche

1891–95 wurde sie von Franz von Schwechten unter Wilhelm II. in Gedenken an seinen Großonkel Wilhelm I. erbaut. Der Kirchturm war einst mit 113 m der höchste Kirchturm Berlins. Im 2. WK wurde die Kirche zerstört. Nur der Turm ohne Spitze

blieb erhalten. Die Turmruine wurde als Mahnmal und Wahrzeichen der westlichen City gesichert.

1957–61 erfolgten daneben die Neubauten eines Turmes und einer Kirche durch den Architekten Egon Eiermann (mit Spitznamen Lippenstift und Puderdose genannt).

Zum Gedenken an die Opfer des Anschlags auf den Berliner Weihnachtsmarkt am Breitscheidplatz im Jahr 2016, bei dem zwölf Menschen ihr Leben verloren und fast fünfzig Bürger teils  schwer verletzt wurden, ist ein goldener Riss gegossen worden. Die Namen der Opfer wurden in die Treppenstufen zur Kirche eingraviert.

Europacenter

Vor dem 2. WK befand sich an gleicher Stelle das Romanische Haus mit dem „Romanischen Café", das nach dem 1. WK zum Treff für junge Künstler wurde.

Es hatte häusliches Interieur und Platz für mehr als hundert Gäste. Bekannte Größen wie Erich Mühsam, Alfred Döblin, Max Slevogt, Max Liebermann, Berthold Brecht, Heinrich Mann oder Franz Werfel waren hier zu Gast.

1963-65 wurde an Stelle des zerbombten Romanischen Hauses durch die Architekten Helmut Hentrich und Hubert Petschnigg ein Hochhaus mit 21 Stockwerken und 90 000 m² Nutzfläche erbaut, das sogenannte Europa-Center. Darin befinden sich Büros, ca. 100 Läden, Restaurants, Kinos, Hotels, die BTM-Touristen-Information und das Kabarett „Die Stachelschweine".

Auf dem Dach dreht sich der 13 m hohe Mercedes-Stern.

Davor befindet sich der **„Weltkugel Brunnen"** von Joachim Schmettau. Verschiedene Wasserfälle und Fontänen entspringen einer Halbkugel mit mehreren Figuren versehen. Im Volksmund wird die denkmalgeschützte Anlage als „Wasserklops" bezeichnet.

Am Europa-Center beginnt ein Straßenzug, der auch **„Generalszug"** genannt wird. Straßen und Plätze mit Namen wie Tauentzien, Kleist, Bülow, Nollendorf, York, Gneisenau und Blücher und das Waterloo-Ufer erinnern an den Befreiungskrieg 1813–15 gegen Napoleon I.

In der Tauentzienstraße haben sich viele Kaufhäuser etabliert.

Das letzte vor dem U-Bahnhof Wittenbergplatz ist das **KaDeWe (Kaufhaus des Westens),** 1907 von Johann Emil Schaudt und Hans Soll erbaut. Es ist das größte Warenhaus Deutschlands und überstand als einziges Warenhaus Berlins den 2. WK. Etwa 3000 Mitarbeiter sind hier in der sechs Etagen beschäftigt. Einen besonderen Ruf hat die Feinschmeckerabteilung.

An der Budapester Straße entlang zieht sich das **Bikinihaus**.

Es ist das erste Concept-Shoppingcenter Deutschlands mit Butiken, Modegeschäften, modernen Designerstores und Restaurants. Die Mall öffnete 1957 und ist ein Teil des denkmalgeschützten Komplexes „Zentrum am Zoo", zu dem auch das Hutmacherhaus am Hardenbergplatz und das **Kino ZOO Palast** gehören.

Das Kino wurde 1905 eröffnet und 2011–2013 saniert. Es verfügt über 1700 Besucherplätze.

Sehr interessant ist das große **Schaufenster im Bikinihaus** zum Zoo, das eine direkte Sicht auf den Affenfelsen ermöglicht. Da kann man den Tieren zuschauen, wie sie auf dem Felsen herumtoben.

Berliner Zoologischer Garten

Er ist der älteste Deutschlands. Martin Hinrich Carl Lichtenstein regte 1841 bei König Friedrich Wilhelm IV. die Einrichtung eines Zoos an. Der König schenkte seine Fasanerie und alle 841 exotischen Tiere der Pfaueninsel den Zoo-Gründern.

Die Eröffnung erfolgte am 1. August 1844.

Am Baustil der Tierhäuser ist das jeweilige Heimatland der Tiere erkennbar.

1987 erfolgte eine Erweiterung über den Landwehrkanal hinaus über die Lichtensteinbrücke (eine Doppelbrücke, eine öffentliche Brücke und eine Zoobrücke).

Die jüngste Erweiterung im Zoo war die Eröffnung des Pandagartens am 5. Juli 2017 im Beisein der Bundeskanzlerin Angela Merkel sowie des chinesischen Staatspräsidenten Xi Jinping.

Der Haupteingang befindet sich an der Budapester Straße.

Der Kurfürstendamm

war ehemals der Reitweg des Kurfürsts Joachimen II., den er 1540 anlegen ließ, um zu seinem Jagdschloss im Grunewald zu gelangen. Kaiser Wilhelm I. ließ 1871 nach seiner Krönung eine feste Straße nach Vorbild der Champs-Elysee anlegen.

Der Kurfürstendamm ist 3,5 km lang und 53 m breit.

In der Gründerzeit erfolgte der Ausbau als Geschäftsgegend und Bürgerflaniermeile mit Geschäften, Kaufhäusern, Hotels und Gaststätten. Hier befand sich die Adresse des gehobenen Wohlstandes.

„Wer am Ku'damm wohnte, hatte den Aufstieg geschafft."

Die **Kinos** eroberten den Ku'damm und sein Umfeld.

1913 entstand das **Kino Alambra** im Marmorhau. Hier fand die Welturaufführung des ersten Tonfilms „Die Eisenkiste" am 17. 09. 1922 statt.

Im **Filmpalast „Gloria"** (ehemals Ku'Damm 12) fand die Uraufführung des „Der blaue Engel" statt. Weiter etablierten sich

der Zoo-Palast an der Budapester Straße und der Delphi-Filmpalast an der Fasanenstraße.

In den 1950er-Jahren entstand hier die Berlinale, die heute am Potsdamer Platz ihr Zentrum hat.

Am Joachimsthaler Platz finden wir den

Viktoria-Riegel

2001 durch Helmut Jahn neugebaut, ein 15-geschossiges Geschäftshaus.

Davor ist das **Café Kranzler** im Obergeschoss an der Ecke
Ku'damm/Joachimsthaler Straße eingebunden.

Ein echter Ruhepunkt im
Geschäftstreiben des Kur-
fürstendamms findet man
im Inneren des **Victoria
Riegels**. Im dreieckigen
Hof steht eine große Volie-
re. Auf eine goldene **Bären-
Quariga** und ein Wiener
Café trifft man im folgenden Durchgang mit Verbin-
dungsweg zum Kurfürsten-
damm und zur Kantstraße.

Im Durchgang zur Kant-
straße kann man sehr
schön die Anlage der
Stadtbahn 1882 sehen. Sie
wurde vom heutigen Ost-
bahnhof bis zum Bahn-
hof Charlottenburg (siehe
Anlage 5) auf gemauerten
Backstein-Bögen gebaut.
Als später die Fernbahn-
gleise dazu kamen, musste
ein zweiter Bogen zur Er-
höhung der Tragfähigkeit
darunter gemauert werden.

In der Kantstraße finden wir das

Theater des Westens.

Es wurde 1895/96 als Charlottenburgs Musical- und Operettenbühne von Bernhard Shering erbaut.

Ab Anfang der 1950er-Jahre spielte hier die Deutsche Oper, da deren Zuschauerraum zerstört war.

Von 1961 an war es Westberlins Musical- und Operetten-Theater. Es stand immer in Konkurrenz zum Metropoltheater in der Friedrichstraße. Am Ende blieben beide auf der Strecke. 2002 verkaufte Berlin das Theater des Westens an den niederländischen Musicalkonzern Stage Entertainment. Das Theater hat kein festes Ensemble mehr und zeigt Produktionen des Eigentümers.

Die Kantstraße kreuzt die Fasanenstraße. Südlich der Bahnlinie befindet sich das

Jüdische Gemeindehaus

Die ehemalige Synagoge Charlottenburgs hat Ehrenfried Hessel 1912 erbaut. Sie war das prächtigste Bauwerk im Westen. Auch sie ist in der Pogromnacht von den Nazis 1938 abgebrannt und verwüstet worden. Die Bomben des 2. WKs haben ihr den Rest gegeben.

Die Ruine ist 1958 abgerissen worden.

An gleicher Stelle wurde 1959 das neue Jüdische Gemeindehaus von Dieter Knoblauch und Heinz Heise gebaut. Im Eingangsportal sind Fassadenteile der alten Synagoge eingefügt.

Die neue Synagoge hat einen Saal mit 600 Plätzen. Außerdem befinden sich dort die Volkshochschule, eine Bibliothek und das koschere Restaurant „Arche Noah". Seit 1987 mahnt auf dem Vorplatz

eine stilisierte Thorarolle. Ein weiteres Fassadenteil steht am linken Rand als mahnende Säule.

Nördlich, direkt an der Bahnlinie links findet man das

Künstlerhaus St. Lukas

1889/90 wurde es von Bernhard Sehring um einen Innenhof erbaut. Er hat das Haus reich geschmückt.

Es enthält mehrere Ateliers und Werkstätten für die bildenden Künstler. Hier arbeiteten und trafen sich u. a. Bernhard Sehring, Käte Kruse, Max Slevogt und Ernst Ballach.

Nach der Kantstraße auf der rechten Seite liegt das

Ludwig-Erhardt-Haus

Das im Volksmund auch Gürteltier genannte Gebäude wurde 1998 vom britischen Architekt Nicholas Grimshaw erbaut. Es ist eine parabolische Baukonstruktion, auf elefantenartigen Füßen stehend. Bauherr war der Verein Berliner Kaufleute. Das

Gebäude der Alte Börse wurde geopfert und ist jetzt in dieses Haus integriert.

Einen Kontrapunkt setzt der Berliner Künstler Volker Bartsch mit seiner bronzenen „Option" der Nordfassade vor der Giebelseite des Hauses.

Hardenbergstraße

Auf der linken Seite haben wir zuerst das 1957 erbaute **Amerikahaus**, einst Bibliothek und Infozentrum. Jetzt dient es als Ort für Fotoausstellungen: Co Berlin.

Gegenüber liegt das **Bundesverwaltungsgericht,** 1907 durch Kischke und Fürstenau erbaut.

Danach schließen Bauten der **Universität der Künste** an mit dem Konzertsaal, der 1954 durch Paul Baumgarten (Schillertheater, Salzmagazin) entstand. Anfangs wurde es als Spielstätte der Berliner Philharmonie unter Herbert von Karajan bis zur Fertigstellung der neuen Philharmonie im Kulturforum genutzt.

Auf der linken Seite am Steinplatz
liegt das

Restaurant Filmbühne

mit historischem Filmambiente –
1950 als Kino eröffnet und Mitte
der 1980er-Jahre zum Restaurant
umgestaltet. Es weist historischen
Bezug auf das Kino auf.

Weiter links an der Ecke Knese-
beck-Straße liegt das

Renaissance-Theater

von 1927, gebaut von Oskar Kauf-
mann mit Brunnen von August
Gaul: mit schwimmenden Enten,
die auf sprudelndes Nass warten.

Auf der anderen Straßenseite liegt
das **Institut für Kirchenmusik**,
1903 entworfen von Adams und
Mebes, ein turmartiges rotes Sand-
steingebäude.

9

ORT UND SCHLOSS CHARLOTTENBURG

Ernst-Reuter-Platz

Er ist nach dem ersten Bürgermeister Westberlins benannt.

1955 erfolgte ein Wettbewerb zur Neugestaltung des Platzes. Der Architekt Bernhard Herinkes, der ihn gewann, löste die ehemaligen Platzwände durch quergestellte stehende Gebäude mit den Schmalseiten zum Platz auf. Die Geschosszahl

und Abmessungen waren vorgeschrieben. Heute ist der Platz ein Zeugnis der Hochhauseuphorie der 1950er-Jahre.

Die Wasserspiele in der Platzmitte sind von Werner Düttmann gestaltet.

Zwischen Marchstraße und Straße des 17. Juni befindet sich die

Technische Universität Berlins

1876 wurde sie als „Polytechnische Hochschule" gegründet, später zur Technischen Hochschule Charlottenburg und nach 1945 zur Technischen Universität erweitert. 1980 wurden Teile der Pädagogischen Hochschule integriert. 2001 erfolgte eine Neugliederung der 15 Fachbereiche in 8 Fakultäten. Sie ist die drittgrößte der vier Berliner Universitäten und zählt über 35 000 Studierende.

Den Landwehrkanal erreicht man beim Entlanglaufen der Straße des 17. Juni in Richtung Brandenburger Tor am

Charlottenburger Tor

An dieser Stelle beginnt Charlottenburg. Ehemals stand hier ein
geschlossenes Tor. Doch mit Beginn der Pläne von Albert Speer
in der Nazizeit zum Aufbau der Welthauptstadt „Germania"
wurde die Straße verbreitert und das Tor in zwei Teile geteilt.

*Links thront Friedrich I., der sich 1701 selbst in
Preußen (Königsberg) zum König krönte.
Rechts steht Königin Sophie Charlotte mit dem nach
ihr benannten Schloss Charlottenburg im Arm.*

Landwehrkanal

Den Kanal hat um 1850 der Garten- und Landschaftsgestal-
ter Peter Joseph Lenné aus einem ehemaligen Schafgraben geschaffen, damit Kähne Baumaterial zum Aufbau der Luisenstadt (heute ein Teil von Kreuzberg) heranbringen konnten.
Heute dient er vorwiegend der Ausflugsschifffahrt (Brücken-
fahrt). Der Kanal verlässt die Spree am Treptower Hafen (Ost-
hafen) und führt bis nach Charlottenburg, wo er am Spreekreuz
die Spree wieder erreicht.

Die zwei Straßen zu beiden Seiten des Landwehrkanals ab dem Charlottenburger Tor heißen südlich Einsteinufer und nördlich Salzufer.

Das **Einsteinufer** ist nach dem Physiker **Albert Einstein** (1879 bis 1955) benannt. Zusammen mit seiner Frau Mileva begründete er die spezielle und später die allgemeine Relativitätstheorie. Das bewies die Richtigkeit von Max Plancks Quantentheorie. 1923 erhielt er den Nobelpreis für Physik, seine Frau ging leer aus.

In den 1920er-Jahren war er deutscher Vertreter im Völkerbund (eine Vorstufe zur UNO). Er ermunterte Roosevelt 1939 zum Bau der Atombombe gegen Hitler. Nach 1947 engagierte er sich im Emergency Committee of Atomic Scientists und setzte sich für eine internationale Rüstungskontrolle ein.

Vor der Marchbrücke befindet sich das **Heinrich-Herz-Institut** mit Kugeldach. Es ist eine Forschungsstelle der Fraunhofer Gesellschaft zu Erforschung elektromagnetischer Wellen.

Heinrich Herz war ein deutscher Physiker und befasste sich mit Schwingungstechnik. Er galt als Begründer der Hochfrequenztechnik und Vorreiter der Telegrafie.

1888 erbrachte er den Nachweis der elektromagnetischen Wellen und 1905 erhielt er den Nobelpreis für Physik.

Am Ufer, gegenüber des Zwietusch-Werks, haben ehemals Kunststudenten der Universität der Künste einige „Kunstwerke" drapiert – es sind meines Erachtens eher Karikaturen.

Das **Salzufer** führte am Ende zum Salzmagazin am Spree-Eck. Preußen hatte seit 1867 das Salzmonopol. So wurden Berliner Familien per Gesetz gezwungen, eine bestimmte Menge Salz zu kaufen. Sauerkraut und Salzgurken waren damals die Renner in den Küchen.

Heute hat sich viel Industrie am Salzufer niedergelassen.

Gleich zu Beginn nach der Straße des 17. Juni findet sich die gläserne **Mercedes-Benz-Niederlassung**. Außer Autos werden hier auch Events in den Bereichen Sport und Kultur geboten.

Das Zwietusch-Werk

Ist ein Klinkerbau 1923–26, wo SIEMENS ehemals Telefonapparate herstellte. Es dient heute der Mehrzwecknutzung. Hauptnutzer ist die Berlin International University of Applied Sciences.

Die Marchbrücke

wurde 1849 von den Architekten Brettschneider und Seeliger erbaut. Sie ist nach Ernst March, dem Gründer der Tonwarenfabrik March & Söhne (1836) benannt.

Hier wurden Schmuckelemente, Figuren, Ornamente und Werkstücke, unter Schinkels Einfluss aus Terrakotta, hergestellt, z. B. der Fries am Roten Rathaus.

Der 2. WK zerstörte auch viele Gebäude dieser Fabrik. Außerdem fühlten sich die Charlottenburger durch das Werk gestört, sodass es 1950 aufgegeben wurde. Das Gelände ist heute in die TU einbezogen.

Die Marchbrücke ist eine anmutige Brücke mit Gaskandelabern, halbrunden Pergolen und turmartigen Brückenhäusern. Leider existiert heute nur noch ein Brückenhaus.

Die nächste Brücke ist die **Dovebrücke** mit der Dovestraße darüber.

Es ist eine mit Masken geschmückte Brücke.

Heinrich Wilhelm Dove (1803–1879) war deutscher Physiker und Meteorologe. Er begründete die moderne Meteorologie.

An der Brücke befindet sich der **Spree Tower** – ein Bürogebäude u. a. mit der Botschaft Bangladeschs.

Nachfolgend rechts die **Spreeresidenz** Charlottenburgs, ein Wohnareal mit wunderschönem Spree- und Kanalblick.

Damit endet der Landwehrkanal an dem Ufer der Spree.

Die **Spree** entspringt in mehreren Quellen im Lausitzer Bergland und mündet nach 368 km in Alt-Spandau in die Havel. Sie durchfließt Bautzen, Cottbus und bildet bei Lübbenau den Spreewald.
197 km sind schiffbar, davon 45 km diagonal durch Berlin.

Wir befinden uns am sogenannten **Spreekreuz oder Spree-Eck.**

Gegenüber mündet der **Charlottenburger Schifffahrtskanal** mit dem Gelände der

Wasserschutzpolizei auf der Landspitze in die Spree. Die Polizei kontrolliert u. a. die Geschwindigkeit der Schiffe. 8 km/h sind erlaubt, mit Sondergenehmigung auch 10 km/h (gekennzeichnet mit gelb-blau-gestreifter Flagge am Schiffsbug).

Schauen wir nach rechts, sehen wir eine gut erhaltene Schiffsstation.

Nach Abriss des **Salzmagazins** (1897) wurde eine Station für Müllverladung eingerichtet (Architekt Paul Baumgarten, 1935/36). Sie steht unter Denk-

malschutz. Die Schiffe fuhren unter die Plattform, von oben wurde der Müll aus LKWs abgekippt und dann per Schiff abtransportiert.

Dort hat sich das Architektenbüro von Kleihues + Kleihues gegenwärtig einquartiert.

Über die Spree spannt sich in Richtung Charlottenburg die **Röntgenbrücke.**

Wilhelm Conrad Röntgen (1845-1923) entdeckte die X-Strahlen bei Gasentladungen. Dafür erhielt er 1901 den Nobelpreis für Physik.

Die nächste Brücke ist eine Fußgängerbrücke, der Siemenssteg, der außerdem als Brücke für Kabelüberführungen gebaut wurde. Die Brückenpfeiler haben Kabelornamente, Blitze als Schmuckelemente und schmiedeeiserne Handläufe.

Werner Siemens (1816–1892) war Ingenieur, Unternehmer und Begründer der Starkstromtechnik. Er entdeckte das dynamoelektrische Prinzip (Elektromotor) und erfand den Telegraphen. 1847 gründete er mit dem Mechaniker Halske eine Telegraphenbauanstalt.

Am Spreeufer gegenüber befindet sich der Komplex des ehemaligen

Heizkraftwerks Charlottenburg

1900 wurde es von Georg Klingenberg gebaut und 2001 stillgelegt.
Ehemals wurde Steinkohle aus dem Ruhrgebiet und aus Polen in Kähnen angeliefert. Damals gab es einen 125 m hohen Schornstein, der 1929 der höchste Europas war. Er ist inzwischen abgetragen.
Der alte Backsteinbau war das Maschinenhaus mit Verwaltung.
Die Gasbefeuerung links daneben, die in der Neuzeit eingerichtet wurde, wird noch betriebsbereit gehalten, um sie bei Bedarf wieder anzufeuern.

Die folgende Brücke ist die

Caprivibrücke

Leo Graf von Caprivi (1831–1899), ein General und Politiker, wurde 1890 überraschend als Nachfolger Bismarcks zum Reichskanzler berufen. Er wollte fortschrittliche Interessen stärken, woran er scheiterte. 1894 wählte ihn der Adel wieder ab.

Blickt man links durch Bäume an den Häusern vorbei, sieht man den Turm des **Charlottenburger Rathauses** (86 m hoch). Die Architekten Reinhardt und Süßengut (auch. Landgericht Littenstraße, Rathaus Spandau, Rathaus Treptow, Bahnhof Mexikoplatz) prägten den Bau im Jugendstil. Charlottenburg war vor 1920 die reichste Stadt Preußens und zeigte das auch mit seinem Rathaus.

Auf dem Uferweg steht eine kleine Skulptur, der **„Spreekieker"** – eine Bronzestatue in Gedenken an den ersten deutschen Rundfunksprecher Alfred Braun. Er begann seine Sendungen in tiefer Stimme immer mit den Worten:

„Achtung, Achtung, hier spricht Berlin!"

Die Sendezentrale befand sich damals in der Voxstraße nahe des Potsdamer Platzes.

Der kleine Park am gegenüberliegenden Ufer ist der

Österreich-Park

Es war der ehemalige Soemmerring-Park, der infolge fehlender Mittel des Bezirks in den 2010er-Jahren in einem schlechten Zustand war.

Der Anatom, Anthropologe und Paläontologe **Samuel Thomas von Soemmerring** war der Entdecker des gelben Flecks in der Netzhaut des menschlichen Auges.

Die nationale Tourismusorganisation Österreich Werbung Deutschland und die neun österreichischen Landestourismus-Organisationen stellten in Absprache mit dem Bezirksamt Gelder zur Neugestaltung des Parks zur Verfügung und machten ihn zur Werbefläche für die Alpenrepublik. Der österreichische Botschafter Ralph Scheide übernahm die Schirmherrschaft für das Projekt.

Im Park sind typische Donauliegen, wie man sie entlang der Donau in Österreich findet, Alm-Bänke aus dem Salzburger Land und ein „Fernrohr" mit dem Motiv einer Alpenlandschaft installiert. Kurz vor der Schlossbrücke links befinden sich die **Schiffsanlegestellen** der Reederei Winkler.

Es folgt die

Schlossbrücke Charlottenburg

mit dem Tegeler Weg darüber. Die Vorgängerbrücke wurde 1709 als Holzbrücke mit Schiffsklappe gebaut.1817 wurde sie durch

eine Jochbrücke ersetzt. 1897–1901 wurde die heutige Stahl-Bogen-Brücke installiert. 1945 von der deutschen Wehrmacht gesprengt, sank sie einseitig in die Spree. Nach 1946 wurde sie wieder aufgerichtet.

Am Schiffsanleger der Reederei Winkler vorbei kann man unter der Brücke durchgehen und gelangt in den

Schlosspark Charlottenburg

Er wurde 1697 vermutlich nach Plänen von Simeon Godeau als regelmäßige Barockanlage angelegt. Ende des 18. Jahrhunderts wurde er teilweise durch Johann Georg Eyserbeck zum englischen Landschaftsgarten umgestaltet. Ab 1818 hatte Peter Joseph Lenné die reiche figurale Ausstattung eingeführt.

Das erste Gebäude ist der

Neue Pavillon (auch Schinkelpavillon genannt)

König Friedrich Wilhelm III. beauftragte Schinkel 1822 mit dem Bau des Pavillons als Sommeraufenthaltsort mit seiner zweiten Ehefrau.

Im 2. WK wurde der Pavillon von Granaten getroffen und brannte aus. Bis 1970 wurde er wiedererrichtet und dient heute der Darstellung der Schinkelzeit.

Das Schloss Charlottenburg

Es wurde als Sommersitz der Kurfürstin, Gattin von Kurfürst Friedrich III. und späteren Königin Sophie Charlotte, nach Plänen von Johan Arnold Nering 1695–99 erbaut. Das betrifft aber nur den mittleren Teil ohne Turm.

Das Schloss hieß anfangs Liezenburg. Aber nach dem Tod der Schlossherrin Sophie Charlotte 1705 taufte es der König samt dem Dorf Lietzow in Charlottenburg um.

Schloss Charlottenburg wurde durch Eosoander von Göthe zur Dreiflügelanlage erweitert und der 48m hohe Kuppelbau mit Krone und goldener Fortuna wurde 1713 aufgesetzt. In Westausdehnung erfolgte 1708-1712 der Anbau der Orangerie.

Georg Wenzeslaus v. Knobelsdorff errichtete unter Friedrich II. den neuen Flügel in strenger Rokoko-Variante in östlicher Ausdehnung bis 1747. Darin sind die Wohnräume Friedrich II. zu besichtigen.

Carl Gotthard Langhans (Brandenburger Tor) schloss 1791 an die Orangerie in westlicher Ausdehnung einen Theaterbau an.

Vor dem Eingangsportal im Ehrenhof wurde 1952 das **Reiterstandbild** des Großen Kurfürsten aufgestellt, das 1696–70 von Andreas Schlüter geschaffen wurde und ehemals auf der Langen Brücke (heute Rathausbrücke, Berlin-Mitte) stand.

Im Park vor dem Neuen Flügel stehen Denkmale der beiden Schloss-Bauherren Friedrich I. und II.

Im **Schlosspark** erlebt man zuerst den barocken Teil, im französischen Stil gestaltet.

Dem schließt sich der **Karpfenteich** mit Putten am Südufer und einer roten, fotogenen Brücke gegenüber an.

Dahinter und zu beiden Seiten liegen Gärten im englischen Landschaftsstil. König Friedrich Wilhelm II. hatte dazu den Gartenarchitekten Johann August Eyserbeck 1788 beauftragt. 1819 übernahm Peter Joseph Lenée die Gestaltung und vollendete sie so, wie wir sie heute kennen.

In diesem Teil finden wir das **Belvedere,** ehemaliges Teehaus und Aussichtsturm. 1788 wurde es durch Carl Gotthard Langhans mit flachem Kuppelhäubchen und vier Flügelpartien erbaut. Nach dem 2. WK wurde es originalgetreu rekonstruiert. Darin wird eine Dauerausstellung zur Geschichte des Berliner Porzellans der KPM in der Zeit von 1788 bis heute mit ca. 700 Exponaten präsentiert.

Über die rote Brücke gelangt man zum

Mausoleum

das Friedrich Wilhelm III. nach dem frühen Tod seiner Gemahlin Luise 1810 errichten ließ. Ihr Sarg wurde aus dem Berliner Dom hierher überführt. Weiterhin ruhen hier Friedrich Wilhelm III., sein Sohn Wilhelm I. und dessen Gemahlin Auguste.

Nach dem Überschreiten des Spandauer Damms gelangt man zur

Schlossstraße

Als Auftakt der Straße finden sich zwei Kuppelbauten, in der Art griechischer Rundtempel von August Stüler (siehe Neue Nationalgalerie) 1851–1859 für das Kürassier-Regiment der Garde de Corps erbaut.

Im ehemaligen Kasernenbau auf der rechten Seite ist die Sammlung Berggruen (Gemälde, u. a. von Picasso) untergebracht mit dem Bröhan-Museum dahinter.

Im linken Kasernenbau befindet sich die Sammlung „Stiftung Dieter Scharf zur Erinnerung an Otto Gerstenberg" mit Gemälden, Grafiken und Skulpturen der Nationalgalerie – Surreale Welten. Anschließend kann man die Abguss-Sammlung antiker Plastiken der Freien Universität bewundern.

Die **Schlossstraße** war ehemals die Schlosszufahrt, gesäumt von klassizistischen Villen ehemaliger Hofbeamter des 18. und 19. Jh., von denen noch einige erhalten sind.

1841 ließ König Friedrich Wilhelm IV. die breite Mittelachse mit Blumenrabatten anlegen. Davon ist heute leider nichts übriggeblieben.

Wenige repräsentative Häuser haben den 2. WK überstanden, z. B. jenes von 1873/74, gebaut für den Ziegeleibesitzer Reinicke.

An der Abzweigung des Otto-Grünberg-Weges befindet sich eine sehr moderne **Turnhalle**, die 1988 von Hinrich Baller für die Oppenheim-Oberschule erbaut wurde.

Hinrich Ballers (geb.1936) Stil erinnert etwas an den Jugendstil und ist von Leichtigkeit und Exklusivität gekennzeichnet. Lindgrün spielt bei ihm eine große Rolle (siehe Rosenhöfe in der Spandauer Vorstadt).

Die Turnhalle ist dem ersten deutschen Olympiasieger der ersten Olympischen Spiele der Neuzeit 1886 in Athen, **Carl Schumann** (1869-1946),

gewidmet, der damals im Turnen vier Goldmedaillen errang.

Weitere Baller-Wohnhäuser befinden sich etwas weiter an der Schlossstraße und an der Schustehrusstraße.

Im Otto-Grünberg-Weg links liegt die **Villa Oppenheim.** Seit 1844/1846 ist das Grundstück im Besitz der Familie des Bankiers Alexander Mendelssohn.

Dann erbte seine Witwe Marianne Mendelssohn das Anwesen. Nach ihrem Tod fielen Villa, Nebengebäude und Garten an die zweitälteste Tochter des Paares, Margarethe (1823–1890), die mit dem Obertribunalrat Otto Georg Oppenheim

(1817–1909) verheiratet war. Die alte Villa wurde abgerissen, um für einen Neubau Platz zu machen, die heutige Villa Oppenheim, 1881/82 von Christian Heidecke erbaut.

1913 erwarb die Stadt Charlottenburg das Grundstück im Rahmen einer Zwangsversteigerung und legte im großen Oppenheimschen Gartens den Schustehruspark an, ließ den Nordflügel und die Nebengebäude der Villa abreißen und errichtete nach Plänen von Hans Winterstein ein Schulgebäude, die Oppenheim-Oberschule, die an die Villa anschließt.

Mit der **Hausnummer 13** in der Schustehrusstraße finden wir das älteste erhaltene Wohnhaus Charlottenburgs von 1712.
Heute beinhaltet es das Keramikmuseum Berlins.

Kurt Luis Wilhelm Schustehrus (1856-1913) war ab 1893 Bürgermeister von Nordhausen und Initiator des Baus der Harzquerbahn und der Harztalsperre.
1910–1913 war er Oberbürgermeister von Charlottenburg.

Inmitten der Schustehrusstraße, auf dem Gierkeplatz, steht die **Luisenkirche**.
Sie wurde 1712–16 erbaut und vom König finanziell unterstützt, damals fungierte sie als Stadt- und Parochialkirche.

Nach dem Tod von Königin Luise erhielt sie mit Genehmigung von König Friedrich Wilhelm III. ihren heutigen Namen.
Im 2. WK wurde sie weitgehend zerstört, aber 1950–56 wiederaufgebaut.

Am Ende der Schustehrusstraße erreichen wir die **Wilmers-dorfer Straße** mit ihren vielen Einkaufsmöglichkeiten. Aber auch interessante Wohnhäuser zwischen der Otto-Suhr-Allee und der Bismarckstraße aus der wilhelminischen Zeit und danach liegen hier.

Die Wilmersdorfer Straße kreuzt die Bismarckstraße.

An der Bismarckstraße befindet sich die

Deutsche Oper

das ehemalige „Deutsche Opernhaus", 1911/12 nach einem Entwurf von Heinrich Seeliger gebaut.

Im 2. WK zerstört, ist sie 1961 unter Fritz Bornemann wiedererstanden.

Das Bühnenhaus wurde wieder instandgesetzt, Foyer und Zuschauerraum wurden neu gebaut. Die 70 m lange Straßenfassade wurde in Waschbeton mit abstrakter Stahlplastik von Hans Uhlmann gestaltet. Die Oper ist für 1895 Zuschauer eingerichtet.

Etwas weiter auf der Bismarckstraße in Richtung Ernst-Reuter-Platz kommt man zum

Schillertheater

Es wurde 1906 von Jacob Heilmann und Max Littmann als „Volkstheater" erbaut.

1937/38 wurde es im Stil der Neuen Sachlichkeit von Paul Baumgarten umgebaut, mit vereinfachter Fassade und verändertem Zuschauerraum.

Im 2. WK wurde es zerstört. 1950/51 entstand durch Heinz Völker und Rudolf Grosse ein Neubau unter Einbeziehung der Reste. Heute hat das Theater 1085 Plätze (722 im Parkett und 363 im Rang).

1993 wurde das Theater vom Senat geschlossen. Seitdem dient es als Ausweichspielstätte für Berliner Theater, die saniert oder neu gebaut werden.

Beispielsweise seit der Spielzeit 2023/2024 die Komische Oper bis zum Abschluss ihrer Erweiterung (siehe Seite 100)

10

RUND UM DEN POTSDAMER PLATZ
UND DAS KULTURFORUM

Potsdamer Platz

Die bereits mehrfach erwähnte Akzisemauer des 18. Jh. hatte seit 1734 an der Ausfallstraße nach Potsdam ein Tor, das Potsdamer Tor, 1824 von Schinkel neugestaltet.

Außerhalb des Tores trafen fünf Straßen strahlenförmig zusammen.

Ende des 18. Jh. begann hier die erste gepflasterte-Straße nach Potsdam. 70 Jahre später umsäumten Hotels, Geschäfts- und Miethäuser der Finanz und Industrie die Straßenkreuzung am Potsdamer Tor. Es war der verkehrsreichster Platz Europas mit 28 Straßenbahnlinien, ca. 27 000 Autos und ca. 150 000 Menschen, die jährlich den Platz querten. (Zählung 1908).

Die erste elektrische Verkehrsampel (SIEMENS-Stiftung) war hier 1924 installiert worden und ist noch heute als historische Nachbildung wieder vorhanden.

Das Gebiet um den Potsdamer Platz war im 19. Jh.

Vergnügungsviertel der Weltstadt Berlin. Mehrere große Hotels und Cafés umsäumten den Platz.

Im 2. WK wurde alles bis auf drei Gebäude zerstört.

1945 erfolgte der Abriss der Gebäuderuinen.

Nach dem Bau der Berliner Mauer lag auch der Platz im Grenzgebiet und verödete. Nach 1990 begann eine Neugestaltung des
gesamten Platzareals.

Das Gelände des ehemaligen Potsdamer Bahnhofs wurde
als **Tilla-Durieux-Park** zur Erholung geschaffen. Der Bahnhof Potsdamer Platz liegt heute unterirdisch und auch die Gleise verlaufen unter dem Park.

An der Einmündung der Stresemannstraße stand das **„Haus
Vaterland"**, 1910/11 von Franz Heinrich Schwächten (Kaiser-
Wilhelm-Gedächtnis Kirche, Grunewald-Turm) mit einem Rund-
bau als Kopfbau erbaut. Darin befanden sich mehrere Ballsäle,
Revuen, Weinstuben, Cafés, und Bars.

Im heutigen Neubau der
Park Kolonnaden, die der
Architekt Giorgio Grassi
mit fünf Gebäuden als sti-
lisierter Kamm entwarf,
wurde die runde Gestal-
tung des Kopfbaus wieder
aufgenommen. Investoren
waren AT & T (American
Telephone and Telegraph
Company) im Zusammen-
schluss mehrerer Konzer-
ne und Banken.

Erst nach der Wiedervereinigung 1990 erwuchs der Potsdamer
Platz zum bevorzugten Gelände für Investoren wie Daimler
Chrysler, Sony und ABB. Sie schufen mit internationalen Archi-
tekten wie Renzo Piano, Helmut Jahn, Hans Kollhoff oder Ara-
ta Isozaki eine neue Platzgestaltung. Der Masterplan der neuen
Bebauung stammt von Heinz Hilmer und Christoph Sattlert.

Außer Büro- und Geschäftsbauten entstanden Wohnungen, Hotels und kulturelle Einrichtungen (20 % Wohnungen, 50 % Büros, 30 % Geschäfte, Kultur, Gastronomie).

Von der Leipziger Straße kommend erheben sich drei säulenartige Baukörper am Potsdamer Platz.

Der rechte halbrunde Glas-Bau mit 26 Etagen, der **Bahn-Tower,** ist die Zentrale der Deutschen Bahn und wie der anschließende Sony-Komplex ein Werk des Deutsch-Amerikaners Helmut Jahn.

Der mittlere Backstein-Bau mit 25 Etagen ist ein Werk von Hans Kollhoff.

Globel-Tower

Tipp: Wer Lust hat, Berlin von der oberen Terrasse aus zu sehen, kann mit dem Aufzug hinauffahren und hat Berlin zu Füßen. Eine Café mit Aussicht ist oben auch mit vorhanden.

Links steht ein spitzzulaufender Bau, der **Forum Tower** des italienischen Architekten Renzo Piano, mit 18 Etagen.

Einer der wenigen erhaltenen Altbauten, das **Weinhaus Huth** in der Alten Potsdamer Straße, wurde in die Gestaltung mit einbezogen.

Der Sony-Komplex

Hinter dem Bahn-Tower hat der deutsch-amerikanische Architekt Helmut Jahn die **Sony-Europa-Zentrale** geschaffen – eine Plaza mit „Dorfplatzcharakter" in einem 75 m weiten und 35 m hohen frei hängenden „Zeltdach". Restaurants und Cafés befinden sich im weiten Rund mit Blick auf ein Wasserbecken.

Der **Kaisersaal** des ehemaligen Hotels Esplanade hat den 2. WK überdauert und wurde mit einbezogen.

Der **Potsdamer Platz** ist heute außerdem das Zentrum der Internationalen Filmfestspiele Berlins (Berlinale) im Stella Music Theater (Marlene-Dietrich-Platz), das eine Verbindung zwischen Potsdamer Platz und Kulturforum darstellt.

Einbezogen ist an der Potsdamer Straße 2 die **Deutsche Kinemathek – Museum für Film und Fernsehen.**

Beachten sollte man in dem Zusammenhang auch die Metall-sterne, die im roten Mittelstreifen der Potsdamer Straße mit Namen bekannter Filmgrößen eingelassen sind, genannt **„Bou-levard der Stars"**.

Der Architekt Renzo Piano war der Erbauer des **Daimler Quar-tiers**, des Atrium Towers und der Debis-Zentrale (Daimler Chrys-ler Service AG). Die Turmspitze dominiert ein grüner Würfel. Er dient als Entlüftung für die unterirdischen Tunnelanlagen der Bahn und Schnellstraße.

Auf der Seite des Komplexes be-findet sich ein Wasserbecken, der Piano-See mit der Skulp-tur „Galileo" von Mark di Suvero.

Renzo Piano lös-te auch das Pro-blem mit der Rückfront der Staatsbibliothek und der abgeschnittenen Alten Potsdamer Straße (siehe Neue Staatsbibliothek), indem er ein Musiktheater – das **Stella Theater**, heute Theater am Potsda-mer Platz genannt – als Bindeglied zwischen Potsdamer-Platz-Bebauung und Kulturforum schuf.

Neben der Spielbank steht auch eine eigenwillige Skulptur aus Stahl, auffällig blaurot gestrichen – **Die Boxer** – vom amerikanischen Künstler Keith Haring 1987 geschaffen.

Für Wohnungen, Kultur (z. B.: Kinos), Einkauf (z. B.: Arkaden) und Gastronomie entstand ein völlig neues Ensemble an Gebäuden entlang der Alten und Neuen Potsdamer Straße.

Nahtlos schließt an den Potsdamer Platz der **Leipziger Platz** an.

Dies ist das ehemalige Oktogon, das Friedrich Wilhelm I. 1734 anlegen ließ (siehe Pariser Platz, Seite 81). Große Wohn- und Geschäfts- oder Behörden-Häuser säumten ehemals und auch heute wieder den Platz. Die gärtnerische Gestaltung wurde von Peter Joseph Lenné mit großen Linden geschaffen und von seinem Schüler Hermann Mächtig fortgeführt.

Im 2. WK wurden Bebauung und Bepflanzung fast völlig zerstört. Nach 1945 lag der Platz im Grenzgebiet und verödete genauso wie der Potsdamer Platz.

1990 wurde die Neuerschaffung des Platzes beschlossen. Erster Neubau war 1998 das Mosse-Palais des bekannten Zeitungsverlegers (das Gebäude mit dem gerundeten Dachabschluss).

Dem folgte links daneben
2005 die Kanadische Bot-
schaft.

Bis 2020 wurde schrittweise
die gesamte Platzbebauung
vollzogen.

Letzter Bau war am Abgang der Leipziger Straße das

Kaufhaus Wertheim

1869–1906 von Alfred Mes-
sel erbaut und bis 1912 be-
trächtlich erweitert. Es
wurde als „Weltwunder
Wertheim" gefeiert. Mit seiner Schaufensterfront von
etwa 300 m und seiner In-
neneinrichtung galt es als
das schönste Geschäftshaus
Berlins [14].

Im 2. WK wurde es ebenfalls
weitgehend zerstört und in
den 1950er-Jahren restlos
abgerissen.

2011 begann ein Neubau, der wegen der darunter verlaufenden
U-Bahnlinie erhebliche Probleme bereitete. 2014 wurde dieses
Haus als **Mall of Berlin** wiedereröffnet.

Von der Stresemannstraße zweigt links die Niederkirchner Straße ab. Dort befindet sich links das

Berliner Abgeordnetenhaus

IIm Zuge der Märzrevolution 1848 wurde die Wahl einer preußischen verfassunggebenden Nationalversammlung durchgesetzt. Sie tagte einige Wochen in der Singakademie (siehe Unter den Linden, S 64).

Am 5. Dezember 1848 wurde die preußische Verfassung erlassen, nach der der preußische Landtag mit zwei Kammern (Obere und Untere Kammer) entstand. 1855 wurden dafür die Begriffe Herrenhaus und Abgeordnetenhaus eingeführt. Der provisorische Sitz befand sich in der Leipziger Straße 3/4 (heute Bundesrat – siehe Seite 108) 1892 wurde im 1871 abgetrennten Gartenteil mit dem Bau des Abgeordnetenhauses begonnen, das 1899 eingeweiht wurde. 1918 tagte hier nach Abschaffung der Monarchie der erste Reisrätekongress, der die Weichen für eine parlamentarische Demokratie stellte.

1934 erfolgte die Auflösung des Parlaments. Im Plenarsaal wurde im Juni 1934 der berüchtigte „Volksgerichtshof" der Nazis etabliert.

Nach schweren Kriegsschäden wurde es 1945 auf Befehl der sowjetischen Militäradministration wieder instandgesetzt. Es war

Sitz der ersten DDR-Regierung. In der Folgezeit wurde es zu Lagerzwecken genutzt.

1990 wurde der Umbau für den Sitz des Abgeordnetenhauses beschlossen. 1993 begann die erste Sitzung im sanierten Haus.

Links vor dem Hauseingang steht das Denkmal des Freiherrn von und zum Stein, der sich als Reformer und Staatsminister um die Organisation der Befreiung vom napoleonischen Joch 1808–1815 verdient gemacht hatte.

Rechts am Gebäudeende steht das Denkmal von Fürst Hardenberg. Er folgte 1810 als Nachfolger von Stein als preußischer Staatsminister und setzte seine Reformen fort. Auf dem Wiener Kongress gelang es ihm, Preußen bei den Großmächten einzureihen.

Gegenüber befindet sich der **Martin-Gropius-Bau.**

Es war als Kunstgewerbemuseum konzipiert und ist 1877–81 unter Martin Gropius und Heino Schmieder entstanden. Das Gebäude erlitt im 2. WK starke Zerstörungen und sollte nach den Bombardements 1943 abgerissen werden. Es ist Walter Gropius (Bauhaus Gründer) zu verdanken, dass es wiederaufgebaut wurde.

Nach der Wiedervereinigung erfolgten Umbau- und Sanierungsarbeiten mit der Wiedereröffnung 1999. Seitdem ist dies das Berliner Ausstellungshaus.

Ab 1961 verlief die Berliner Mauer mitten durch die Niederkirchner Straße. Restestücke sind noch heute vorhanden.

Hinter diesen Mauerresten befindet sich die **Topografie des Terrors**.

An der ehemaligen Prinz-Albrecht-Straße (heute Niederkirchner Straße) befand sich in der Nazizeit die Zentrale der Gestapo. Dazu informiert heute das Informationszentrum „Topographie des Terrors" in einem Neubau. Ab 2007 wurde der preisgekrönte Entwurf von Ursula Wilms und dem Berliner Architektenbüro Heinle, Wischer und Partner realisiert und im Mai 2010 eröffnet.

Man erhält einen Einblick in die Mechanismen des Nazi-Repressionsapparates und den organisierten Mord der Gestapo und der SS an den europäischen Juden und vielen Nazigegnern.

Im Keller befinden sich Reste der Folterzellen, darüber ein Rest der Berliner Mauer und darüber die Bauten des Bundesfinanzministeriums

Am Ende der Niederkirchnerstraße entlang der Wilhelmstraße liegt das heutige Finanzministerium, ehemals Görings Ministerium für Reichsluftfahrt.

Nördlich des Potsdamer Platzes, entlang der Ebert-Straße, zweigt die Straße **In den Ministergärten** ab.

Unter Friedrich Wilhelm I. und Friedrich II. siedelten sich entlang der Wilhelmstraße Adlige mit repräsentativen Palais an, die ihre Parks und Gärten dahinter bis zur Königgrätzer Straße anlegen ließen. Ende des 18. Jh. begannen vermögende Bürgerliche, sich dort einzukaufen. Mit Gründung des Deutschen Reiches 1871 kauften Botschaften viele Grundstücke auf.

In der NS-Zeit übernahmen Hitlers Bauleute die Flächen und schufen die „Neue Reichskanzlei", die im 2. WK völlig zerstört wurde.

In der DDR-Zeit, ab 1986, wurden hier Plattenbauten für Wohnzwecke errichtet.

Nach Abriss der Mauer entstanden sieben neue Landesvertretungen für: Rheinland-Pfalz, Hessen, Saarland, Brandenburg, Mecklenburg-Vorpommern, Niedersachsen und Schleswig-Holstein.

Bis zur Behringstraße folgt danach das

Holocaust-Denkmal

für die ermordeten Juden Europas.

Das Mahnmal wurde vom New Yorker Architekten Peter Eisenmann entworfen und 2003–2005 gebaut. Es besteht aus 2711 schwarzen Betonquadern unterschiedlicher Höhe, die durch schmale Wege begehbar sind.

Weithin sieht man im Sommer einen **Fesselballon**, mit dem man 150 m über Berlin schweben kann. Der Startort wurde bereits mehrfach geändert. 2023 startete er am Checkpoint Charly.

Auf der gegenüberliegenden Straßenseite der Ebertstraße beginnt der **Berliner Tiergarten** mit Denkmalen etwa von Goethe, Lessing, Lotzing, den Wiener Klassikern (Haydn, Mozart und Beethoven) und anderen.

An die Potsdamer Straße nach der Ben-Gurion-Straße schließt das Kulturforum an.

Das Kulturforum

J. W. v. Goethe, Denkmal von Fritz Schaper 1880

Ehemals befand sich hier ein dicht bebautes Wohnviertel. Zur Nazizeit sollte es vollständig Albert Speers (Hitlers Stararchitekt) Nord-Süd-Achse der Welthauptstadt „Germania" geopfert werden. 1938 begann man bereits mit dem Abriss der Wohngebäude. Im 2. WK wurden die Reste völlig zerbombt.

Nach 1945 entwickelte Hans Scharoun ein „Kulturband", mit dem er die kulturellen Zentren im Berliner Osten und Charlottenburg durch ein Forum mit dem Standort Tiergarten verbinden wollte. Mit dem erfolgreichen Bau der neuen Philharmonie durch Scharoun westlich des Potsdamer Platzes begann in der Folgezeit die Entstehung eines neuen Kulturzentrums. Mit dem Mauerbau

1961 änderte sich die Situation grundlegend. Es ging nun nicht mehr um die Verwirklichung von Scharouns Grundidee, sondern um ein Pendant zu den Kulturstätten im Osten.

Philharmonie

Die alte Philharmonie in der Bernburger Straße war durch die Bomben des 2. WK völlig zerstört worden. Den ausgeschriebenen Wettbewerb für den Neubau gewann Hans Scharoun. Unter Einflussnahme von Herbert von Karajan wurde der neue Standort im geplanten Kulturforum 1960–63 realisiert.

links der Kammermusiksaal, rechts die Berliner Philharmonie

Scharoun hatte ein dynamisches, zeltartiges Dach über einem fünfeckigen Grundriss vorgesehen. Die Zuhörerplätze wurden um das Orchesterpodium gelegt, damit die „Musik im Mittelpunkt steht". Der Zuhörerraum weist 2270 Plätze auf. Die Außenverkleidung besteht seit 1981 aus eloxiertem Aluminium.

Gemeinsam durch Foyer und Hintereingang verbunden ist der

Kammermusiksaal

Er wurde bereits durch Scharoun skizziert und ebenfalls mit dem Orchesterpodium in der Saalmitte vorgesehen. 1984–88 realisierte sein Schüler Edgar Wisniewski die Idee, aber fast doppelt so groß wie von seinem Lehrmeister geplant. Der Saal ist ein Sechseck mit einer gefalteten zeltartigen Decke als Abschluss.

Neue Staatsbibliothek

Sie wurde 1967–78 durch Scharoun und Wisniewski nach Scharouns Konzept mitten auf die Alte Potsdamer Straße gesetzt.

Die Straße sollte dahinter fortgeführt werden. Doch nach Scharouns Tod 1972 wurde dessen Realisierung fallen gelassen. So durchschneidet die neue Potsdamer Straße vor der Staatsbibliothek heute das Kulturforum.

Mit der Neuen Staatsbibliothek wurde das architektonische Prinzip Scharouns wieder aufgenommen. Glaspyramiden über dem großen Lesesaal mit freizügigen Treppen und Galerie im Innern und einem großzügigen Foyer sind charakteristisch. Auch die orangefarbige Aluminiumaußenverkleidung ist dementsprechend gewählt. Das Haus bietet eine offene Leselandschaft. (Siehe Alte Staatsbibliothek)

Neue Nationalgalerie

Anlässlich seines 75. Geburtstags erteilte die Stiftung Preußischer Kulturbesitz 1961 dem in der USA lebenden Ludwig Mies van der Rohe den Auftrag zum Bau einer Neuen Nationalgalerie. Es wurde sein einziger Bau der Nachkriegszeit in Deutschland. Ein Jahr nach Fertigstellung verstarb der Architekt.

Der Bau wurde 1965–68 realisiert. Für die Statik des auf acht Stützen liegenden freitragenden Daches bezog Mies den Münchner Frei Otto (Architekt des Münchner Olympiastadions) mit ein.

Die Galerie hat eine quadratische Grundfläche von 2430 m².

Die Hauptausstellungsräume befinden sich im Untergeschoss, was 4425 m² Fläche aufweist. In der Galerie finden wechselnde Ausstellungen statt.

Um 2015 wurden umfangreiche Sanierungen notwendig. Dafür wurde das Architektenbüro von David Chipperfield beauftragt. Die Wiedereröffnung fand im Sommer 2021 statt.

Institut für Musikforschung und Musikinstrumentenmuseum

1978–84 wurde das Institut von Edgar Wisniewski mit Shop und Café errichtet. Es schließt nördlich an die Philharmonie an.

Das Museum wurde 1888 als „Sammlung alter Musikinstrumente" der Königlichen Akademischen Hochschule mit 34 Instrumenten gegründet. Nach dem 2. WK blieben dem Museum von einst ca. 4000 Instrumenten 700 erhalten. Heute sind ca. 3500 Instrumente vom 16. bis zum 20. Jh. im Bestand.

2006 wurde ein neues Eingangsgebäude an der Ben-Gurion-Straße für die Musikinstrumentensammlung realisiert.

Rolf Gutbrod entwickelte in den 1960er-Jahren ein **Gesamtkonzept** für weitere Museen des Forums. Dieses hatte mit den Ideen von Scharon und Mies nichts gemein und wurde von Politik, Bauverwaltung und der Stiftung des Preußischen Kulturbesitzes abgelehnt. Das Architekturbüro Heinz Hilmar und Christoph Sattler überarbeitete das Konzept, das jedoch sehr trist gelang. Danach wurden die Einzelmuseen (**Kunstgewerbemuseum, Gemäldegalerie, Skulpturengalerie, Kupferstichkabinett** und **Kunstbibliothek**) bis 1985 geschaffen.

In die Gemäldegalerie wurde die ehemalige Villa des Verlegers Paul Parey mit einbezogen.

Mit dem Bau des **Museums des 20. Jahrhunderts** zwischen Kammermusiksaal und Neuer Nationalgalerie soll nun eine bessere Geschlossenheit entstehen. Es wird unterirdisch mit der Neuen Nationalgalerie verbunden und soll 2026 fertig gestellt werden.

St. Matthäus Kirche

Eine dreischiffige Ziegelkirche, 1844–46 von August Stüler geschaffen, zeigt die Vorliebe des Architekten der Schinkelschule für frühchristliche Baute im byzantinischen Stil.

Ab November 1931 war Dietrich Bonhoeffer der Pfarrer.

Die Beseitigung der schweren Kriegsschäden wurde mittels Sammlungen aus der Bevölkerung finanziert.

1960 erfolgte die erneute Einweihung der Kirche.

Hier werden Ausstellungen zeitgenössischer Kunst, Konzerte, Podiumsdiskussionen sowie Predigtreihen mit Pfarrern aus ganz Berlin angeboten. Dienstags bis sonnabends ist die Kirche geöffnet. Es finden jeweils um 12:30 Uhr Orgelandachten statt.

In der Staufenbergstraße findet man die

Gedenkstätte Deutscher Widerstand

Im Hof des sogenannten Bendlerblocks in der heutigen Staufenbergstraße fanden die Hinrichtungen der Offiziere um Claus Schenk Graf von Stauffenberg statt, die am 20. Juli 1944 am

Attentat auf Hitler beteiligt waren.

Im Gebäude befindet sich die Dauerausstellung über den diesbezüglichen Widerstand gegen das NS-Regime und es werden Bildungsangebote gemacht.

In den übrigen Gebäuden des Blocks liegt die Berliner Außenstelle des **Bundesverteidigungsministeriums**.

In der Tiergartenstraße, der Staufenbergstraße, der Hildebrandtstraße und der Hiroshimastraße finden wir viele Botschaften und Landesvertretungen sowie die Friedrich-Ebert-Stiftung. Sie wurden alle nach 1990 neu gebaut.

Im 2. WK sind fast alle Botschaften durch anglo-amerikanische Bombardements vernichtet wurden.

Lediglich die Botschaften Italiens (Bild links), Japans (Bild rechts) und Spaniens (Lichtensteinallee) – die Verbündeten Nazi-Deutschlands im Krieg – blieben erhalten. War das ein Zufall?

Italienische Botschaft

Sie wurde 1938–41 vom Architekten Friedrich Hetzelt als Palast der Hochrenaissance gestaltet. Die heiter anmutende Fassade ist mit Travertin verkleidet. Infolge des Krieges und der Teilung Deutschlands wurden die Räume erst nach 1990 genutzt.

Japanische Botschaft

1938–42 – Der Architekt Ludwig Moshamer gestaltete 1938–42 ein neoklassizistisches Gebäude. Neuartig war, dass die Dienst- und Wohnräume der Diplomaten in einem Gebäude vereint sind.

Der japanische Architekt Kisho Kurokawa hat das Gebäude 1986–88 rekonstruiert. Die alte Fassade, das Marmorvestibül und die Kassettendecken blieben dabei erhalten.

In der Mitte der Gebäudefront leuchtet die goldene Sonne Japans.

An der Tiergartenstraße steht gegenüber der Indischen Botschaft das Denkmal von **Richard Wagner.**

Nach der Botschaft Saudi-Arabiens folgt das

Canisius-Kolleg

Der Architekt Paul Mebes hat das Gebäude 1937/38 als Verwaltungs- und Wohnbau der Familie Krupp gebaut. Es gehörte zu den Repräsentativbauten der geplanten „Welthauptstadt Germania" nach Albert Speer. 1947 hat es die Katholische Kirche übernommen. 1980 ist es um einen Schultrakt erweitert worden, der ein katholisches Elite-Gymnasium des Jesuitenordens mit mehreren Sprachkursen ist.

Das folgende Gebäude ist die Berliner Dependance der

Konrad-Adenauer-Stiftung

Diese setzt sich für Frieden, Freiheit und Gerechtigkeit ein. Sie veröffentlicht Publikationen sowie Videos und organisiert Vorträge zu aktuellen politischen Themen.

Auf dem Dreieck Klingelhöfer Str./Stülerstr./Rauchstr. finden wir die **Nordischen Botschaften** von Finnland, Schweden, Norwegen, Dänemark und Islands, die mit einer grünen Holzumbauung eingefasst sind.

Der Eingang zum gesamten Komplex befindet sich in der Stülerstraße.

Durch die Stülerstraße, die Corneliusbrücke über den Landwehrkanal und die Budapester Straße führt der Weg zum Bahnhof Zoologischer Garten. Damit kann man einen Rundgang abschließen.

ANHANG

Anlage 1

Wer sind eigentlich die echten Berliner?

Ein Blick in die Geschichte Berlins zeigt uns, das diese Frage nicht einfach zu beantworten ist.

Nachdem vor etwa 20 000 Jahren die letzten Eismassen der Eiszeit abgeschmolzen waren, entstand das Berliner Urstromtal.

Auf dem Barnim sowie im und auf dem Teltow befanden sich riesige Waldgebiete, die vor allem zur Rentierjagd genutzt wurden. Erste „Frühberliner" durchstreiften den Raum, ohne hier sesshaft zu sein.

Infolge eines Klimaumschwungs in der Mittelsteinzeit nach 5000 v. Chr. entwickelten sich Eichenmischwälder. Die Rentiere zogen sich nach Norden zurück; Elche, Hirsche, Rehe und Wildschweine siedelten sich an. Infolge zunehmenden Fischfangs und beginnenden Ackerbaus begann auch die Sesshaftigkeit von Menschen aus dem nordmitteleuropäischen Elbegebiet im Berliner Urstromtal sowie auf dem Barnim. Dazu kamen in der Bronzezeit (1800–700 v. Chr.) nomadisierende Weidebauern, die vor allem mit ihrem Viehe dahin zogen, wo Weiden ergiebig waren.

Südlich der Spree auf dem Teltow ließen sich vor allem Bauern aus Schlesien und der Lausitz nieder. Im Lichterfelder Bäketal entstanden mehrere kleinere Dörfer von sieben bis acht Häusern.

Die Besiedlungsdichte war noch sehr gering. Etwa 1000 Bauern lebten zu der Zeit im Raum von Spree und Havel.

Nach 700 v. Chr. wandelte sich das Klima erneut. Es wurde kälter und die Besiedelung ging zurück. Außerdem bedrängten

Germanen, die südlich des Teltows lebten, die Bauern. Ein weiterer Temperaturrückgang im 1. und 2. Jh. n. Chr. führte zum Abwandern der Germanen in Richtung Rhein und Main. Danach setzte die Einwanderung der slawischen Semnonen aus dem ostgermanischen Burgund ein. Sie folgten den Flüssen, Seen und Niederungen, denn sie brauchten das Wasser für ihr Vieh. Daher rodeten sie Wald und legten Felder an.

Die größten slawischen Ansiedlungen im Berliner Urstromtal waren Spandau und Köpenick in Stadtgröße sowie die Gemarkungen Mahls- und Klausdorf mit sechs beziehungsweise vier Gehöften.

Ab dem 9. Jh. begannen die Auseinandersetzungen zwischen den germanischen Franken und den Slawenfürsten. Sie endeten erst 1157 mit dem Sieg des Markgrafen der Nordmark, Askanierfürst Albrecht der Bär, über den Köpenicker Slawenfürst Jaxa und der Besetzung Brandenburgs.

Albrecht der Bär und sein Sohn Otto I. begannen auch sofort mit der germanischen Besiedelung und Verdrängung der Slawen aus den Ortszentren. Sie luden Siedler aus ihren anhaltinischen Stammsitzen um Ballenstet und Bernburg sowie dem Schwabengau (zwischen Harz und Thüringen), aber auch vom Niederrhein und aus Flandern in die neuen Gebiete ein. Entscheidend für die Neubesiedlung waren auch Klostergründungen wie das Kloster Lehnin. Damit erhielten die Neusiedler Schutz durch den magdeburgischen Erzbischof.

Der zunehmende Handel führte zu Handelsstraßen quer durch Deutschland, von denen sich zwei an einer Furt der Spree kreuzten. Zu beiden Seiten entstanden im 11. Jh. Niederlassungen, die von den askanischen Herrschern besonders begünstigt wurden, so dass sich viele Neuankömmlinge zu beiden Seiten der Spreefurt ansiedelten. Die neuen Ortschaften Cölln und Berlin entwickelten sich rasant und hatten bald wirtschaftlich die alten Niederlassungen Spandau und Köpenick überflügelt. Cölln und Berlin wurden zum Sammelpunkt für Fernhandelswaren. Die askanischen Landesherren richteten sich in Berlin einen Wohnsitz ein, das Herrenhaus. Auch das vom Landesherren 1280 zugestandene Münzrecht für Berlin förderte die Bedeutung der Stadt.

Die Landesherren, Adlige, die Kirche und Bürger der Doppelstadt betrieben außerdem eine ländliche Siedlungspolitik. Sie ließen sich in den von Slawen gegründeten Siedlungen nieder und baute sie zu Straßen- oder Angerdörfern aus. Das sorgte für landwirtschaftliches Hinterland und für bedeutende Absatzmärkte. So entstanden zum Beispiel Heinersdorf, Lübars, Kaulsdorf, Steglitz, Tegel oder Zehlendorf.

Im 12. Jh. ließen sich Tempelritter im heutigen Tempelhof nieder, gründeten einen Komturhof und Ansiedlungen wie Mariendorf, Marienfelde und Rixdorf.

Nach Aussterben des askanischen Geschlechts 1319 setzte ein erbitterter Kampf um dessen Erbe durch die Rittergeschlechter der Mark Brandenburg ein, der auch Berlin und Cölln viel Schaden zufügte. Erst mit dem Einsatz des fränkischen Burggrafen Friedrich von Hohenzollern 1411 durch König Siegesmund zum Markgrafen von Brandenburg änderte sich die Situation. Er besiegte die Pommern und bezwang den brandenburgischen aufmüpfigen Adel. In einem Landesfriedengesetz verbot er jegliche Fehde. Außerdem nutzte sein Sohn, Kurfürst Friedrich II., die Spannungen zwischen Stadtgemeinde und Stadtrat von Berlin und Cölln, um sich 1442 die Doppelstadt untertan zu machen. Außer dem Verlust stadtrechtlicher Vergünstigungen musste dem Kurfürsten ein Gelände zum Schlossbau überschrieben werden. 1451 konnte er seine Residenz beziehen.

In der Folgezeit kam es zu erweiterten Zuwanderungen aus Franken, Sachsen und Thüringen. Vor allem die Franken besetzten oft Posten der Regierung und Verwaltung. Auch ihre oberdeutsche Sprache setzte sich langsam gegen das berlinische Plattdeutsch durch und wurde zur hochdeutschen Amtssprache.

Im 16. Jh. kam es auch zum ersten Pogrom gegen die Juden. Sie sollten Hostien aus der Kirche gestohlen haben. Ihnen wurde der Prozess gemacht und 38 Menschen auf dem Neumarkt hingerichtet. Erst 1670 nahm der Kurfürst Friedrich Wilhelm in Österreich vertriebene Juden wieder auf.

Im frühen 17. Jh. wurde Berlin Fluchtpunkt für Vertriebene, Verfolgte und Glücksuchende. Schottische Pressbyterianer, schweizerische Mennoniten, italienische Waldenser und osteuropäische Juden ließen sich in Berlin nieder.

Der Dreißigjährige Krieg sowie Pestseuchen hinterließen herbe Verluste in Stadt und Land. 1675 hatte Berlin/Cölln von 1200 Häusern 450 verloren und die Bevölkerung sank von 12 000 auf 4000 Einwohner. Das Land war verwüstet. Handwerk und Handel lagen darnieder. Neben einer neuen Wirtschaftspolitik und vergünstigenden Bauordnung kam eine erneute Einwanderungspolitik zum Tragen. Kurfürst Friedrich Wilhelm erließ 1685 das Edikt von Potsdam und warb darum, die in Frankreich vertriebenen Protestanten in Berlin und Brandenburg anzusiedeln. Etwa 6000 Hugenotten wurden so in seiner Residenz ansässig. Ihnen garantierte der König Glaubens- und Meinungsfreiheit und sie erhielten Steuervergünstigungen sowie Baumaterial. Den französischen Einwohnern war vor allem das Manufakturwesen zu verdanken. Sie gaben den neuen Stadtteilen Dorotheenstadt und Friedrichswerder enormen Auftrieb. Um 1700 war jeder dritte Berliner ein Franzose. 46 neue Berufe entstanden, hugenottische Bankiers und Kaufleute gaben der Wirtschaft neue Impulse. Französische Offiziere stärkten die Armee. Der deutsche Wortschatz erhielt viele neue, charakteristisch Ausdrücke.

Unter den Königen Friedrich Wilhelm I. und Friedrich II. wurden die Bedürfnisse des Militärs zum wirtschaftlichen Motor. Die Armee brauchte mehr Menschen als das Land Einwohner hatte. Arbeitswerber holten vor allem Spezialisten der Wollweber und Metallbearbeiter nach Berlin und Brandenburg. Sie kamen aus Frankreich, Sachsen, der Schweiz, Wallonien und den Niederlanden. Diese Leute waren von Steuerlasten und Militärdienst befreit. Neue Wohnviertel entstanden, Gewerbe und Handel blühten auf. Berlin wurde zum Zentrum der deutschen Textilindustrie (siehe Hausvogteiplatz, S 117).

Unter Friedrich Wilhelm I. kamen 1737 aus Böhmen 350 protestantische Glaubensbrüder (Herrnhuter) nach Rixdorf.

Friedrich II. gründete mit Zuwanderern neue Dörfer wie Friedrichshagen, Grünau, Müggelheim oder Nowawes (heute Babelsberg).

In Adlershof betrieb er Mitte des 18. Jh. eine planmäßige Besiedelung der Büdnerkolonie.

Buchholz, das durch die Pest und Dreißigjährigen Krieg entvölkert war, wurde mit französischen Hugenotten faktisch neu gegründet – bald hieß es Französisch Buchholz.

Nach der Angliederung Schlesiens an Preußen 1745 wanderten viele Schlesier in Berlin ein. Sie kamen am Schlesischen Bahnhof (heute Ostbahnhof) an und wohnten im umliegenden Armenviertel. Diese Menschen waren zu jeder Arbeit bereit.

Auch Ende des 18. und Anfang des 19. Jh. kam es in Berlin zu erheblichen Zuwanderungen aus Sachsen und Brandenburg. Viele wollten in der wachsenden Großstadt ihr Glück versuchen. Russische Juden, sogenannte Ostjuden, drängten nach Berlin.

Auch im 19./20. Jh. waren es polnische und russische jüdische Einwanderer, die aus dem Osten kommend Berlin einen weiteren Bevölkerungsschub brachten (siehe Kapitel 5. Die Spandauer Vorstadt; oder Das jüdische Berlin, Anlage 3).

Nach den von Preußen gewonnenen Kriegen gegen Dänemark (1864), Österreich (1866) und Frankreich (1871) setzte ein sprunghaftes Bevölkerungswachstum ein. Die Einwohnerzahl stieg auf 800 000. 1877 erreichte Berlin die erste und 1905 die zweite Million. Neue Wohngebiete wurden erforderlich und so kamen Wedding, Moabit, der Gesundbrunnen, Teile Schönebergs, des Tiergartens und Tempelhofs zu Berlin. Der Bau von Mietskasernen mit mehreren Hinterhöfen setzte ein. Auf kleinem Raum sollten so viele Wohnungen wie möglich entstehen. Sie bestanden meist aus Stube, Kammer und Küche. Die Berliner Bauordnung von 1853 sah vor, dass ein Innenhof 5,34 m^2

groß sein muss, sodass eine Feuerspritze (handbetriebener Wagen einer ehemaligen Feuerwehr) darin wenden kann.

1911 kam es zum Gesetz zur Bildung des Zweckverbandes „Groß Berlin". Die kreisfreien Nachbarstädte sowie die Kreise Teltow und Niederbarnim sollten in Berlin einbezogen werden. Solange das Kaiserreich bestand, blieb alles nur Stückwerk. Erst das Gesetz danach machte es 1920 möglich, „Groß Berlin" ohne die Kreise Teltow und Niederbarnim zu gründen. 58 Landgemeinden und 27 Gutsbezirke mit ca. 1,2 Millionen Einwohnern kamen zu Berlin hinzu, so auch Spandau und Köpenick.

1930 lebten in Berlin 4,3 Millionen Einwohner.

Mit der Machtergreifung der Nazis setzten Judenboykott und Deportationen ein, demokratische Kräfte wurden verfolgt und in KZs ermordet. Hitler und sein Baumeister Speer planten die Welthauptstadt „Germania". Doch Berlin lag am Ende des 2. WK 1945 zerstört am Boden. Es wurde von den vier Siegermächten in vier Verwaltungszonen aufgeteilt. Unterschiedliche Standpunkte führte 1948 zur Trennung zwischen der sowjetischen Besatzungszone (SBZ) und jenen der Westmächte. Mit Gründung der Bundesrepublik Deutschland 1949 wurden die Berliner Westsektoren zum Bundesland „Groß-Berlin" und die SBZ zur Hauptstadt der DDR. Damit war Ost-Berlin Regierungssitz des neuen Staates. Demzufolge zogen verstärkt Kader aus anderen Teilen der DDR nach Berlin, um an der Verwaltung des Staates teil zu nehmen.

In den 1960er-Jahren waren es in Westberlin Zuwanderer aus Italien, der Türkei und anderen europäischen Staaten, die als Gastarbeiter nach Berlin kamen. In der DDR-Zeit wanderten in Ostberlin tausende Vietnamesen, Angolaner, Mosambikaner und Kubaner an, um hier zu arbeiten und mit den Verdiensten ihre Familien zu Hause zu unterstützen. Viele von ihnen sind mittlerweile in Berlin eingebürgert.

Nach dem Fall der Mauer, dem Zusammenbruch der DDR und der Angliederung an die Bundesrepublik setzte ein weiterer Flüchtlingsstrom aus Asien und Afrika ein. Heute im 21. Jh.

sind es vor allem Menschen aus Syrien, Afghanistan und afrikanischen Staaten, die bei uns Schutz, aber auch einen Neustart für ein menschenwürdiges Leben suchen.

Angelika Merkels „Wir schaffen das" wurde zum geflügelten Wort. Trotzdem kam und kommt es immer noch unter vielen Alt-Berlinern zur Ablehnung der Zugezogenen und zu Diffamierungen. Oft sind es die gleichen Argumente wie vor hunderten Jahren: „Sie nehmen uns unseren Lebensraum weg", „Sie stehlen uns unsere Nahrung", „Sie können kein Deutsch sprechen", „Ihnen wird alles kostenlos geboten" und andere.

Meist lassen wir uns bei unserer Zustimmung oder Abneigung davon leiten, ob wir sie als Hilfe brauchen oder nicht. Sind wir da nicht äußerst ungerecht?

Mit Putins Ukrainekrieg erfolgt ein erneuter Flüchtlingszustrom auch in Berlin. Mögen sie später wieder zurückziehen, einige werden aber auch in Berlin sesshaft werden und sich irgendwann Berlinerin oder Berliner nennen.

Nun frage ich am Ende:
„Wer sind denn nun die echten Berliner?"

Auch die international bekannten „Berliner" – die runden, in Fett gesottenen Hefekugeln mit Füllung – sind es nicht. In Sachsen heißen sie Pfannkuchen, an anderen Orten sind es Faschingsküchle, Krapfen oder so ähnlich.

Letztlich ist es normal für Berlin, dass der Anteil der hier geborenen unter 50 % liegt. Das macht das Leben der Hauptstadt so farbig und anziehend.

Anlage 2

Hugenotten in Berlin

Ab den 1520er-Jahren verfolgte der mächtige katholische Klerus in Frankreich die Protestanten, deren Glaube der Calvinismus war. Etwa zwei Millionen Franzosen waren Anhänger dieser Lehre. Ab 1534 wurde die Glaubensausübung der Protestanten durch Franz I. unterdrückt und in den Untergrund gedrängt.

In der Nacht vom 23. zum 24. August 1572 (Bartholomäusnacht) fand in Paris ein Pogrom gegen die Protestanten statt. Tausende wurden nachts in ihren Wohnungen überfallen und massakriert. Die Repressalien setzten sich später fort. Es kam zu kriegerischen Auseinandersetzungen zwischen beiden Seiten.

1589 wurde der Hugenotte Heinrich von Navarra König. Die Opposition, ein Großteil der Adeligen, forderte einen römisch-katholischen König und weigerten sich, Heinrich anzuerkennen. Nach dem Edikt von Nantes 1598 gab es etwa zwanzig Jahre Frieden.

1621 brachen erneut Auseinandersetzungen aus, die mit dem Gnadenedikt von Alès 1629 endeten. Ludwig XIII. entzog den Hugenotten die politischen und militärischen Rechte, aber die Religionsfreiheit blieb weiterhin garantiert. Auch 1652 bestätigte Ludwig XIV. die Klausel im Toleranzedikt von Nantes.

Doch 1661 begannen wiederum starke Verfolgungen, die mit dem Edikt von Fontainebleau 1685 einen Höhepunkt erreichten und eine Fluchtwelle von etwa einer Viertelmillion Hugenotten in die protestantischen Gebiete Europas und Übersee auslösten.

Daraufhin wurde fast das ganze Königreich Frankreich militärisch von den Hugenotten geräumt.

Edikt von Fontainebleau

Das Edikt von Nantes wurde widerrufen und der Katholizismus als Staatsreligion festgelegt. Protestanten verloren alle bürgerlichen Rechte, sie durfte keine Ehen schließen und kein Eigentum erwerben. Protestantische Gottesdienste und Versammlungen waren verboten. Pfarrer oder Laienprediger mussten konvertieren, sonst drohte ihnen Dienst auf einer Galeere bzw. die Hinrichtung.

Das Militär zerstörte hunderte hugenottische Dörfer und entvölkerte sie. 200 000 französische Refugiés – wie sie sich selbst nannten – darunter viele Adlige und betuchte Handwerker der etwa 750 000 Protestanten hatten Frankreich verlassen. Etwa 20 000 gelangten nach Brandenburg-Preußen. Kurfürst Friedrich Wilhelm schickte den Flüchtenden Delegationen und lud sie ein, im Kurfürstentum zu siedeln. Er erließ mit seinem Edikt von Potsdam, das er am 29. Oktober 1685 unterzeichnete, den Hugenotten Steuern und Zölle, gewährte Subventionen und bezahlte ihre Gemeindepfarrer. Der Zunftzwang wurde aufgehoben, sodass der Weg für neue Gewerbe frei wurde.

Der brandenburgische Kurfürst bewies große Weitsicht. Durch den Dreißigjährigen Krieg war das Land arm an Menschen. Es fehlte vor allem an Handwerkern. Sie kamen mit den Hugenotten ins Land, die zunächst in Berlin im Friedrichswerder siedelten. 1700 war jeder dritte Berliner ein Hugenotte. 1701 wurde der Grundstein für ihre Kirche gelegt, die heutige französische Friedrichstadtkirche (siehe Gendarmenmarkt). Ihre Toten begrub man anfangs auf Berliner Friedhöfen.

Die Hugenotten versuchten sich in Seidenraupenzucht und Tabakanbau, etablierten neue Nahrungsmittel wie Gemüse und betrieben erfolgreich Gewerbe und Handel. Zum Beispiel kamen Hutmacher nach Berlin, die geschmackvolle Hüte zur Freude der wohlhabenden Damen herstellten.

Unter den „Alt-Untertanen" führte das Zusammenleben mit den Franzosen zu Neid und fortwährenden Beleidigungen in Wort und Tat. Schon damals hieß die Begründung: „die Franzosen können kein Deutsch" und „... durch sie geschieht unserer Nahrung großer Abbruch". Der Zank setzte sich auch zu den Beisetzungen der Toten auf Berliner Friedhöfen fort. 1763 wurde der französische Friedhof an der Chausseestraße eröffnet, der noch heute existiert. Hugenotten wie der Kupferstecher Daniel Nikolaus Chodowiecki oder der Schauspieler Ludwig Devrient haben dort ihre Ehrengräber [17].

Aber es vergingen noch etwa 100 Jahre, bis Hugenotten in höhere Funktionen in Verwaltung und Militär gelangten und bikulturelle Ehen geschlossen wurden.

1809 wurde die Kolonialverwaltung aufgelöst und die Privilegien entfielen.

Auch in den Orten um Berlin wie **Spandau-Tiefenwerder** und **Köpenick** (an der Freiheit – daher rührte der Begriff) siedelten Hugenotten.

Die Besiedelung von **Moabit** geht auch auf die Ansiedlung von Hugenotten zurück. Im Jahr 1717 siedelte König Friedrich Wilhelm I. zwischen der heutigen Straße Alt-Moabit und der Spree Hugenotten an. Nach eigenen Ideen pflanzten sie in seinem Auftrag Maulbeerbäume für die Seidenraupenzucht. Das Experiment scheiterte an der unzulänglichen Qualität der Böden. Die Grundstücke dienten danach meist gärtnerischen Zwecken.

Im Zusammenhang mit der Umgestaltung des **Tiergarten**s zu einem öffentlichen Park erlaubte Friedrich II. 1745 zwei Hugenotten, die ersten Berliner Gartenlokale anzulegen. Sie servierten billigen, nachgemachten Kaffee, woher der Begriff „Muckfuck" stammte. Hier gab es auch die ersten Buletten. Später entwickelte sich die Ausflugsgegend „In den Zelten."

Das Angerdorf **Buchholz** wurde um 1230 gegründet. Nach zahlreichen Wechseln der Grundherrschaft kam Buchholz im Jahre 1670 in den Besitz des Kurfürsten Friedrich Wilhelm. Da nach dem Dreißigjährigen Krieg viele Kossäten- und Bauernhöfe in Buchholz verwüstet oder verlassen waren, wurde durch das Edikt von Potsdam 1685 eine „französische Kolonie" durch Ansiedlung von Hugenotten gebildet. 1688 waren hier bereits 87 französische Siedler nachweisbar. Sie bauten bisher unbekannte Pflanzen wie grüne Bohnen, Blumenkohl, Spargel und Artischocken sowie verschiedene Küchenkräuter an und pflanzten Obstbäume. Ab etwa 1750 bürgerte sich die Bezeichnung Französisch Buchholz ein. Das Dorf wurde zu einem beliebten Ausflugsziel der Berliner.

Anlage 3

Jüdisches Leben in Berlin

Die **Synagoge**: Versammlungshaus – hebräisch: „Bet Knesset".
Sie ist vor allem Gemeindezentrum, wo man sich trifft,
Gemeindeangelegenheiten bespricht, betet und die Heiligen
Schriften (**Thorarollen**: handgeschriebene fünf Bücher Moses
und **Talmud**: religionsrechtliche Werke des Judentums von
ca. 220 n. Ch.) liest und diskutiert.

Thorarollen sind auf Hebräisch verfasst und dürfen nicht
mit der Hand berührt werden. Deshalb sind sie auf zwei Rollen
aufgerollt und zum Lesen dient ein silberner Zeigestab.

Beschädigte oder abgenutzte Rollen werden auf dem Friedhof
begraben, um den enthaltenen Namen Gottes nicht zu schänden.
Dafür findet man auf dem Friedhof in Weißensee gesonderte
Grabstätten.

Für den Weg zur **Synagoge** dürfen Juden keine Verkehrsmittel
benutzen. Deshalb müssen sie immer zu Fuß erreichbar sein.

» **Judentum** bedeutet lebenslanges Lernen. Thora und Talmud
werden immer wieder gelesen, auswendig gelernt und
diskutiert.
» **Kleidervorschrift:** Männer müssen bei allen religiösen Handlungen
eine Kopfbedeckung (Kippa) tragen (auch Nichtjuden).
» Frauen nehmen getrennt von Männern an Gottesdiensten teil.
» Heute unterscheidet man strenggläubige **orthodoxe Juden**
und **Reformjuden**.

Bei **orthodoxen Juden** ist der Gottesdienst ein reiner Gebets-
und Wortgottesdienst und der Jude trägt einen Gebetsriemen
sowie ein Tuch oder einen Mantel über seine Kleidung.

Die **Reformjuden** haben sich den modernen Gottesdiensten
der Christen angepasst, sodass eine Orgel spielt und Chöre mit
den Gläubigen singen.

Das jüdische Jahr beginnt im Herbst mit dem Neujahrsfest (Rosch ha-Schana) Der Start der biblischen Monatszählung ist aber im Frühjahr (März/April). Die Jahre werden seit dem Mittelalter gezählt. 2020/2021 war das jüdische Jahr 5781.

Ruhetag der Juden ist der Sabbat, der am Freitagabend beginnt und am Sonnabendabend endet.

Die Gründung der jüdischen Nation geht auf den Auszug der Juden aus Ägypten vor über 3300 Jahren zurück. Dem zu Ehren wird alljährlich das **Pessach** gefeiert (letztes März-Wochenende bis zum nächsten Wochenende), ein Fest der Erinnerung, das mit einem Festmahl begonnen wird, bei dem man sich der Geschichten der Unterdrückung und Tyrannei erinnert und vier Becher Wein für die Freiheit trinkt. Speisen mit Getreideprodukten sind verboten.

Berlin war eine der wichtigsten jüdischen Wirkungsstätten der Welt. Viele jüdische Themen hatten in Berlin ihren Ursprung:

» Die Reform des jüdischen Glaubens wurde zuerst in Berlin formuliert (Assimilation, Verweltlichung).
» Diese einzigartige Gemeinschaft wurde durch den Nationalsozialismus vernichtet.
» Vor 1933 hatte Berlin über 80 Synagogen.
» Mehr als 55 000 Juden wurden deportiert und in KZs ermordet.
» Weiteren 80 000 gelang die Flucht aus Berlin und Deutschland. Hier begegnete das Judentum erstmals der modernen Welt.
» Nun wurde die frühe Saat der reformierten und konservativen Strömung gesät.
» Hier wurde die moderne jüdische Wissenschaft ins Leben gerufen.

Der Aufstieg Deutschlands zur Industriemacht war auch der Aufstieg des jüdischen Bürgertums. Deren Angehörige saßen bald in den Vorständen der Industrieverbände, gründeten Werke, kontrollierten die Gas- und Wasserversorgung oder gehörten den Vorständen der IHK an. Auch der Handel, die Geldgeschäfte oder der Kunsthandel waren vom Judentum geprägt. **Daniel Itzig** finanzierte beispielsweise für Friedrich II. den Siebenjährigen Krieg (1756–63).

Die Liste berühmter Juden in Berlin ist lang. Sie führt zurück über 200 Jahre bis zu Moses Mendelssohn. Er brachte fast im Alleingang den europäischen Juden die Aufklärung.

Hier finden sich Persönlichkeiten wie der Physiker Albert Einstein, der Dichter Heinrich Heine, der Verleger Leopold Ullstein und seine Söhne, die Maler Marc Chagall und Max Liebermann, die Komponisten Felix Mendelssohn-Bartholdy und seine Schwester Fanny Hensel, Giacomo Meyerbeer und Arnold Schönberg, die Politikerin Rosa Luxemburg oder der Regisseur Max Reinhardt.

Auch die Familie Rathenau mit dem Vater Emil als AEG-Gründer oder dem Sohn Walter als Außenminister der ersten Reichsregierung zählen dazu.

Zwischen 1880 und 1933 hatte das jüdische Bürgertum dazu beigetragen, dass Berlin an der Spitze Europas marschierte.

Viele Juden beteiligten sich am 1. WK für Deutschland und erhofften sich damit Anerkennung vom Deutschen Volk.

Juden hatten ein eigenes Schulsystem vom Kindergarten bis zum Gymnasium, eine Volkshochschule, mehrere Bibliotheken, jüdische Gaststätten und koschere Lebensmittelläden, Konzerte und kulturelle Veranstaltungen.

Zu erläutern, was **koscher** ist, würde hier zu weit führen. Dazu sind in der Tora Ausführungen zu lesen. Aber auf den Tisch eines Juden kommt niemals ein Fleischgericht mit Sahnesoße, da sich Fleisch mit Milch verbieten. Auch tragen Juden traditionell keine Mischgewebe. Viele bevorzugen reine Wolle oder Leinen.

Den **Bagel** haben Juden möglicherweise in Berlin erfunden. Die runde Form ist ein Sinnbild für Ganzheit und Versöhnung. Das Motto ist: *„Weisheit, die man essen kann"*.

Anlage 4

Berliner S- und U-Bahn

Die Berliner S-Bahnen

Der Bau der Berliner S-Bahnen erfolgte in den Gründerjahren von 1881 bis 1900. Die erste Strecke führte vom Schlesischen Bahnhof (heute Ostbahnhof) bis nach Charlottenburg. Sie wurde auf gemauerten Viadukten mit 371 Bögen realisiert (siehe Anlage 5).

Das war damals eine Weltneuheit. 1882 wurde diese Strecke eingeweiht. Die Züge fuhren noch mit Dampfloks.

Seit 1900 wurden die ersten Versuche mit Elektrobetrieb gemacht. Vorgesehen waren Oberleitungen mit Wechselstrom. Nach dem 1. WK entschied man sich für Gleichstrom und seitliche Stromschienen. Ab 1929 wurde der Betrieb mit Dampfloks völlig eingestellt. Die Anfangsbezeichnung „Stadt-Schnellbahn" wurde in Stadtbahn mit der Abkürzung S-Bahn geändert. Der Gebrauchswerber Fritz Rosen entwarf 1930 das Logo.

Bis zum Ende des Jahres 1943 war das Berliner S-Bahn-Netz auf 295 km angewachsen.

Nach dem Ende des 2. WK behielt die Deutsche Reichsbahn die Sowjetische Besatzungszone und die DDR das Betriebsrecht für alle Berliner S-Bahn-Strecken. Anfang der 1950er-Jahre begann die DDR mit der Abgrenzung West-Berlins. Ab 1952 durften West-Berliner das DDR-Umland nicht mehr betreten. Die außerhalb Berlin liegenden Kopfbahnhöfe wurden geschlossen. Mit dem Berliner Außenring wurde eine Umfahrung Westberlins eingerichtet.

Bis 1961 (Mauerbau) fuhren die S-Bahn-Züge nach West-Berlin noch normal.

Mit dem Mauerbau am 13. August 1961 wurde seitens der Deutschen Reichsbahn das Netz in zwei Teilnetze für Ost- und West-Berlin getrennt. Westberliner Politiker und Gewerkschaftler riefen in West-Berlin zum Boykott auf. Die Fahrgastzahlen sanken, es kam zu Unmutsbekundungen, Streiks der Westberliner Angestellten und letztlich zur Reduzierung der Strecken von zehn auf drei.

1983 wurde in Verhandlungen zwischen Deutscher Reichsbahn und BVG mit Zustimmung der Alliierten eine Übergabe des Betriebsrechts in West-Berlin an die BVG beschlossen. Das führte wieder zur Erweiterung des S-Bahn-Netzes in West-Berlin.

Nach dem Mauerfall begann eine erneute Zusammenarbeit zwischen BVG und Deutscher Reichsbahn. Die BVG erhielt Züge, um den Ansturm der Fahrgäste zu bewältigen. Ab 2 Juli 1990 wurde der durchgehende Verkehr der Stadtbahn wiederhergestellt.

Zum Jahreswechsel 1993/94 vereinigten sich die Deutsche Bundesbahn und die Deutsche Reichsbahn zu Deutschen Bahn, die auch den Betrieb der Berliner S-Bahn in einer eigenen Gesellschaft übernahm.

Die Berliner U-Bahn

1866 schuf Werner von Siemens mit der Erfindung des Dynamos die Voraussetzung zum elektrischen Betrieb von Hoch- und Untergrundbahnen. Doch Berlin hatte dafür noch keine Verwendung. Man glaubte, wegen des hohen Grundwasserspiegels sei eine Untergrundbahn unrealisierbar.

So schuf Siemens die erste U-Bahn 1890 in London – die „Tube". Es folgten Budapest, Glasgow und Paris.

Erst 1902 wurde die erste Strecke zwischen Warschauer Straße und Bahnhof Knie (heute Ernst-Reuter-Platz) eröffnet – später „Stammbahn" genannt. Das erste Teilstück von Warschauer Straße bis Nollendorfplatz wurde als Hochbahn realisiert – „Magistratsschirm" genannt, denn man konnte bei Regen trocken darunter spazieren. Erst ab dem Nollendorfplatz wurde eine Unterstraßenbahn angelegt, um vor allem die Kaiser-Wilhelm-Gedächtniskirche nicht zu beeinträchtigen. [18]

1907 folgte vom Potsdamer Platz über den Alexanderplatz bis Pankow die zweite U-Bahn – „Erweiterungslinie" genannt. Die mittlerweile dringend benötigte Nord-Süd-Strecke durch das

Historische Zentrum Berlins konnte wegen des 1. WK nicht gebaut werden. Die heutige Line 8 zwischen Gesundbrunnen und Hermannstraße entstand zwischen 1927 und 1930. Von 1961 bis 1990 gab es auf der Ostberliner Seite keine Zugangsmöglichkeit zu dieser Linie. Da Züge fuhren zwischen Bernauer Straße und Heinrich-Heine-Straße ohne Halt durch.

Ebenso war in dieser Zeit der Zugang zur U 6 von Schwarzkopfstraße bis Kochstraße gesperrt. Auf der Friedrichstraße konnte man nur das Rattern unter der Straße spüren.

Die Bahnhöfe entwickelte sich mehr und mehr zu architektonischen Höhepunkten. Besonders der in Schweden geborene Architekt Alfred Grenander hat sich damit ein Lebenszeugnis gesetzt. Anfangs vertrat er noch den Jugendstil. Später wandte er sich der „Neuen Sachlichkeit zu.

Noch heute sind einige seiner Werke im Original oder sachgemäß saniert erhalten. Er ließ die Wände und Säulen mit speziellen Keramik-Platten verkleiden, die je nach Bahnhof eine besondere Farbe haben und das Licht auf einzigartige Weise widerspiegeln.

Auch heute mit der neuen U-Bahn-Linie 55 hat man ansprechende Bahnhofsgestaltungen realisiert. (siehe Anlage 5)

Anlage 5

Berliner Größen

Berlin ist mit 3,655 Millionen Einwohnern und 891,82 Quadratmetern Fläche die größte Stadt der Europäischen Union.

Die Ausdehnung zwischen Ost und West beträgt 45 km, von Süd nach Nord 38 km. Die Umfassung der Stadtgrenze ist 234 km lang.

Die **Fläche** von Berlin ist in 12 Verwaltungsbezirke unterteilt, die insgesamt aus 97 Ortsteilen bestehen.

Die meisten hohen **Berge** Berlins sind Schutt- und Müllberge.
Der höchste Berg ist der Arkadenberg im OT Blankenfelde mit 120,7 m. Es ist eine Deponie. Ihm folgt der Teufelsberg in Grunewald mit 120, 4 m. Er enthält Trümmerschutt des 2. WK. Die höchste natürliche Erhebung ist der Große Müggelberg mit 114,7 m in Köpenick.

Der **Müggelsee** ist mit einer Fläche von 7,433 km² der größte See Berlins. Seine tiefste Stelle misst 7,7 Meter.

Die Berliner **S-Bahn** hat ein 340 km langes Streckennetz mit 16 Linien und 168 Bahnhöfen. Sie wird zwischen Ostbahnhof und Charlottenburg auf einem aus Ziegel gemauertem Viadukt mit 371 Bögen geführt.

Die Berliner **U-Bahn** hat ein 155,4 km langes Streckennetz mit 9 Linien und 175 Stationen. Die Strecken sind teils als Untergrund- und teils als Hochbahn ausgeführt.

Der Berliner **Fernsehturm** ist mit 368 Metern das höchste Bauwerk Deutschlands.

Die Berliner **Zentral- und Landesbibliothek** mit über 3,5 Millionen Medien und 1,5 Millionen Besuchern jährlich ist die größte Bibliothek Deutschlands.

In Berlin übernachten die meisten Menschen in Deutschland. 2022 wurden 10,4 Millionen **Gäste** registriert. Das Hotel Estrel in Neukölln ist mit 176 Metern das höchste und mit 1125 Zimmern und Suiten das größte Hotel in Deutschland.

Der Berliner **Zoologische Garten** wurde 1844 gegründet und ist der älteste ZOO Deutschlands.

Der **Friedrichstadtpalas**t hat mit 2854 Quadratmetern Bühnenfläche die grüßte Theaterbühne Deutschlands.

Das **Naturkundemuseum** hat das größte aufgestellte Dinosaurier-Skelett der Welt, mit einer Schulterhöhe von über 13 Metern.

Die **Archenhold Sternwarte** in Treptow ist die älteste und größte Sternwarte Deutschlands und verfügt über das mit 21 Metern Brennweite weltgrößte Linsenfernrohr der Welt.

Anlage 6

Literatur- und Bild-Nachweis

[1] Kleine Berliner Geschichte, Wolfgang Ribbe, Jürgen Schmädeke, Stapp Verlag, 3. Auflage 1994
[2] Heimatchronik Berlin, Archiv für Deutsche Heimatpflege GmbH, Köln 1962
[3] Architekturführer Berlin, Dietmar Reimer Verlag Berlin, 5. Auflage 1997
[4] Ganz Berlin, Spaziergänge durch die Hauptstadt, Nicolaische Verlagsbuchhandlung GmbG, 2001
[5] Brandenburgs Kurfürsten – Preußens Könige, Das Taschenbuch, Edition Rieger, 5. Auflage 2001
[6] Unter den Linden, Günter de Bruyn, btb-Verlag, München, 2004
[7] Das jüdische Berlin, Bill Rebiger, Jaron Verlag, 2000
[8] Scheunenviertel Berlin, Edition Scheunenviertel, 3. Auflage, 1998
[9] Ouer durch Mitte/Die Spandauere Vorstadt, Wolfgang Fyerabend, 1999
[10] Jüdische Orte in Berlin, Ulrich Eckhardt, Andreas Nachma, Nicolaische Verlagsbuchhandlung, Berlin, 2005
[11] Juden in Berlin-Mitte, Horst Helas, Trafo Verlag, Berlin, 2000
[12] Liebe zur Stadt beweisen, Peter Dobrick, Interview in der Berliner Zeitung Nr. 117, Dienstag, 25. Mai 2021, Seite 8

[13]   Erlebnis Berlin, 300 Janre Berlin im Spiegel seiner
       Kunst, Hans Ludwig, Henschel Verlag Berlin, 1865
[14]   Das historische Berlin – Bilder erzählen, Paul
       Wietzorek, Michael Imhof Verlag, 2005
[15]   Damals im Romanischen Café, Jürgen Schebera,
       Das Neue Berlin
[16]   dpa (Deutsche Presse Agentur)
[17]   Berlin, Der Friedhofsführer, Boris von Brauritsch,
       BRAUS-Verlag, 2015
[18]   MONUMENTE, Magazin für Denkmalschutz in
       Deutschland, 8. Jahrgang, Nr. 1/2 Februar 1998

Der Grundriss von Berlin und Cöll um 1400 ist aus dem Bildar-
chiv Preußischer Kulturbesitz (Autor W. Schich).

Die Skizzen zum Berliner Herrenhaus und zum Band des
Bundes sind von Udo Schröter (mein Sohn) gezeichnet.

EIN HERZ FÜR AUTOREN A HEART FOR AUTHORS À L'ÉCOUTE DES AUTEURS MIA KAPΔIA ΓIA ΣYΓΓΡΑ
HJÄRTA FÖR FÖRFATTARE UN CORAZÓN POR LOS AUTORES YAZARLARIMIZA GÖNÜL VERELIM SZÍV
CUORE PER AUTORI ET HJERTE FOR FORFATTERE EEN HART VOOR SCHRIJVERS TEMOS OS AUTOR
SZERZŐINKÉRT SERCE DLA AUTORÓW EIN HERZ FÜR AUTOREN A HEART FOR AUTHORS À L'ÉCOUT
ORAÇÃO ВСЕЙ ДУШОЙ К АВТОРАМ ETT HJÄRTA FÖR FÖRFATTARE Á LA ESCUCHA DE LOS AUTOR
AUTEURS MIA KAPΔIA ΓIA ΣYΓΓΡAΦEIΣ UN CUORE PER AUTORI ET HJERTE FOR FORFATTERE EEN H
YAZARLARIMIZA GÖNÜL VERELIM SZÍV SZERZŐINKÉRT SERCE DLA AUTORÓW EIN HERZ FÜR
FOR SCHRIJVERS TEMOS OS AUTOR CORAÇÃO ВСЕЙ ДУШОЙ К АВТОРАМ ETT HJÄRTA FÖR

Der Autor

Der Autor Gottfried Schröter wurde 1940 in der deutschen Kleinstadt Penig geboren. Zunächst absolvierte er eine Ausbildung als Rundfunk-mechaniker und studierte nach seinem Abitur an der TU Dresden. Er arbeitete unter anderem als Entwicklungsingenieur und im Ministerium für Elektrotechnik. Nach einer Zeit der beruf-lichen Umorientierung wurde er Reiseleiter beim Tourismusverein Köpenick. Seit 2005 ist Schröter in Pension und hat somit noch mehr Zeit, sich der Geschichte und Gegenwart von Berlin zu widmen. Seine umfangreichen Aufzeichnun-gen sowie seine Leidenschaft für die Fotografie inspirierten ihn dazu, sein Wissen zu Papier zu bringen. Daher ist sein erstes Buch „Berlin – ick liebe dir" entstanden. Schröter lebt mit seiner Frau in Berlin und hat zwei Kinder.

Der Verlag

Wer aufhört
besser zu werden,
hat aufgehört
gut zu sein!

Basierend auf diesem Motto ist es dem novum Verlag
ein Anliegen, neue Manuskripte aufzuspüren, zu ver-
öffentlichen und deren Autoren langfristig zu fördern.
Mittlerweile gilt der 1997 gegründete und mehrfach
prämierte Verlag als Spezialist für Neuautoren in
Deutschland, Österreich und der Schweiz.

**Für jedes neue Manuskript wird innerhalb we-
niger Wochen eine kostenfreie, unverbindliche
Lektorats-Prüfung erstellt.**

Weitere Informationen zum Verlag und
seinen Büchern finden Sie im Internet unter:

w w w . n o v u m v e r l a g . c o m